打造財務跑道，
月光族、小資族也能
過自己想要的生活

財務自由 實踐版

WORK YOUR
MONEY,
NOT YOUR LIFE

How to Balance Your Career and
Personal Finances to Get What You Want

Roger Ma
& Jenn Roberts Ma

國際認證高級理財規劃顧問 羅傑・馬──著　珍・羅伯茲・馬──協助

Contents
目錄

推薦序

在工作與財務，找回人生主導權

財經作家　綠角

《財務自由實踐版》的作者是羅傑・馬，前投資銀行員工，現為財務顧問。

本書特別之處，在於它將工作與財務這兩個主題，進行統整的討論與處理。

投資相關書目很少討論工作這個面向，甚至把工作直接當成一個必須擺脫的問題。許多倡議透過投資達成財富自由的書，正是以「不再需要工作」為號召。

大多人認為每天上班工作是一種負擔，是為了養家餬口不得不做的事。這樣的討論方向，也符合大多人的想法。

但他們不願正視的事實是，工作很重要。

　　不僅一生中可觀的時間會在工作中度過，一生中大部分的財富也來自工作。你的工作是否讓你得到成就感、覺得有意義、是否帶來足夠的收入，至關重要。

　　許多人選擇逃避這個問題，認為工作不快樂、收入不多，就忍吧。只要投資獲利夠高，就可以很快擺脫工作，也可以累積足夠的財富。

　　這是捨本逐末。投資不是不良職業生涯的解決方案。投資其實不容易賺錢的事實，往往讓人最後才發現，以為投資可以解決所有工作相關問題，其實只是讓自己繼續留在這個讓人不滿的工作崗位的迷藥。

　　你以為的解答，其實正是造成你職業生涯停滯不前的重大阻礙。

　　工作會決定你的成就感、你的生活型態、你的財富等級。找到合適的工作，值得投入心力。

　　作者正面迎擊這個問題，如何從自己的過往經歷、閒暇時的活動偏好、其他人對你的看法，找到自己有興趣也擅長的地方。

　　同時考慮自己想要的生活型態、居住地點等面向，一步步有系統的推導出理想的工作選擇。

　　這才是正確的處理方法。不喜歡自己目前的工作、每天行屍走肉的上班，就應該處理這個問題，而不是說：「工作不好沒關係，我把投資做好就可以了。」

　　作者是美國人。印象中，美國個人主義盛行，學校時代就鼓勵學生追求個人興趣。但作者的親身經歷可以讓我們看到，他也是自認為大學念什麼科系，畢業後就應從事這個科系最好（收入最高）的工作。他沒想過自己要的是什麼，就選擇「大家都說好」的工作。

　　每天，包括每個週末，作者都在投資銀行忙到沒日沒夜，覺得人生似乎不太對。但是，自己住曼哈頓、做的是人人稱羨的高收入工作，不是應該要滿足了嗎？

　　典型的讓社會與他人期待，決定自己要做什麼的例子。

　　讓別人為你決定，那很簡單。你不用想、甚至不必負責。工作不滿意，就可以說，「啊，這是我父母希望我做的工作。」

事實是，別人無法為你的人生負責，人生不快樂的後果也只有你自己在承擔。努力想一下，自己要的到底是什麼，你可以將自己的人生導向真正讓你感到滿足與快樂的道路。

而像作者，他是做了一份不喜歡的工作後，才轉換到自己喜愛的職業。這個轉換與找尋的過程，需要財務方面的支援。

我們常把累積資產視為一個需要長時間之後才能享用成果的歷程。但作者提到，你其實可以從現在就享有資產累積的成果。

譬如你已經存了足夠一年的生活費，其實你有些資本，可以讓你脫離現在的工作一年，有時間去嘗試或找尋更適合自己的工作。

一個健康的財務狀況，讓你在工作上有所選擇。而一個更好的工作選項，讓你的人生更快樂，財務更富足。

處理財務，不能不考慮工作。處理工作，不能不考慮財務。

這本書就是教讀者，如何同時考慮工作與財務這兩個重要面向。兩者相輔相成，幫助你走上職業生涯與個人財務都滿足與快樂的人生道路。

推薦序

所有工作者都應該啟動自己的投資思維模式

國際獵頭／暢銷書《2030 轉職地圖》作者　Sandy Su 蘇盈如

　　在這個充滿變數的社會中，競爭愈來愈激烈，人人面臨隨時都會被大環境淘汰的危機。在資訊豐富的世界裡，你可以看到許多人為了擺脫低薪瞎忙的生活，四處請益並設法讓自己更快達到財富自由的境界。但有些人為了生活選擇不愉快的工作，又或者有些人擁有愉快的工作卻只有少少的收入，反而陷入經濟困境。不知道各位是否發現，近幾年的熱門書籍幾乎都以身心靈或理財為主，因為愈來愈多人在工作上不如意，導致身心受到影響。

　　這次受邀為這本《財務自由實踐版》寫序，作者從銀行家轉變為 Google 財務規劃師，用專業的經驗帶領讀者，如何用分析的步驟、工具更認識自己的工作，透過財務的動力駕馭更有意義的生活。此書教導讀者如何更深層地探索自己，找出理

想與工作之間的差距，也提到職場上最重要的人脈網資源，如何善用這些資源來加速財富最佳化。

我認為所有工作者，不管是否有投資計畫或意願，都應該啟動自己的投資思維模式。這邊分享我所遇到的故事。我在十六歲剛搬去英國住宿家庭的那一年，獨居的房東太太便提醒我：如果妳的未來十年會在英國度過，那麼妳應該要物色屬於自己的不動產，將房租省下來拿去繳房屋貸款，可以考慮畢業後再結算房貸的投資，累積屬於自己的財富。

後來，我面試第一份工作的時候，就拿著這個財務目標來說故事，展現自己的野心，最後因為「狼性」特質而被錄取。我一直以為這只是巧合與幸運。但我踏入獵頭、人資的世界後，在面試人選的過程中，陸續聽到來自世界各地的應徵者的故事，像是來自歐洲的求職者便很直白地表達，要這份工作的原因是需要金錢來完成他的財務計畫。令我印象深刻的是，其中一位應徵者很有條理地敘述自己的財務目標是購入三棟不動產，透過固定的被動收入來轉型投資副業，進而改善她家人的生活。接著，她敘述如何（how）在工作上耕耘，達到業績要求來得到公司的獎金，進而協助她達到財務目標。

我在自己的工作領域發現，歐洲人因為教育環境與文化，

對錢的看法相當直接與明白，而且能夠具體敘述自己的計畫和步驟。我甚至遇過主管指定找有財務目標的工作者來加入團隊，因為這樣的人才在工作表現上特別專注與付出。除此之外，我也觀察到當求職者有明確的細節目標時，表達內容和方式會充滿動力，與他人做出差異。因此我常常鼓勵臺灣人準備面試時，最好置入財務規畫的思考邏輯，來詮釋自己的上進心。

閱讀此書的過程中，我發現作者有條不紊地透過財務與職涯規畫的角度，協助讀者一步一步拆解自己的優劣，激發屬於自己的獨立思考邏輯與動機，繪畫出想要的職業與生活。這不一定是要激勵你開始投資，而是讓你更清楚知道工作的意義。如果你有徹底執行了有規畫性的投資，那麼你的生活將過得更充實，因為你可以感受到你是為了生活品質而工作。

尤其對工作倦怠的朋友，可以透過這本書的帶領，用財務規劃的角度，重新思考關於成功、財富的議題，或許在冥想過程中能找出新點子，豐富自己的生活。

Introduction

前言

　　從外表上來看，我身旁的一切都在軌道上：三十歲不到，住在曼哈頓中心，為一家頂級投資銀行工作，事業蒸蒸日上，常吃米其林星級餐廳，而且經常到世界各地著名景點旅行。這就是我在高中和大學期間努力讀書的原因——就是為了能夠過著這種「夢想生活」。不過，在我心中，卻總感覺有些不對勁。

　　工作和金錢是我努力奮鬥的核心，儘管人們都認為我已擁有「好」工作和充足的存款。許多清晨，當我聽到鬧鐘響起，心裡卻開始害怕去辦公室工作；因為我上班時間很長又不固定，常常得忙到深夜，甚至是凌晨時分才回到家，週末也多半要加班。如此緊湊的行程安排，讓我錯過了朋友的生日聚會，不時要取消約會，更沒有什麼時間放鬆或充電。

　　我實際的工作內容並非表面那樣光鮮亮麗、令人嚮往，更糟的是，這個工作並不是我的興趣所在，我可不想就這麼過一輩子。不過，諷刺的是，就在我試圖想要釐清如何將生活導回正軌，改變處境的同時，卻有別人向我尋求建議，想要知道如何能走上和我一樣的路——這讓我對於該做些什麼（如果有的話）來改善工作而感到困惑。

　　至於個人理財方面，我的狀況也好不到哪去。身為移民的第二代，我一向很會存錢（有時甚至太過極端），所以當然不是月光族。即使如此，金錢壓力仍然讓我喘不過氣；事實上，只要我一停下工作，立刻就開始擔心自己的財務狀況。一路走來，我犯遍了教科書上所有與金錢有關的錯誤。

　　一開始，我很容易陷入混亂。還記得自己第一次看到401（k）退休金計畫裡，有25種不同的投資方案選項時，腦袋裡一片空白，完全不知該如何開始規劃我的投資策略。經過幾個月的痛苦掙扎，我決定投降，草率地將資金平均分配到四個「看起來不錯」的共同基金中。

　　除此之外，我還向錯誤的對象尋求財務指導。例如當時我會聽電視上的名嘴談話，獲取有關股市方向的線索。更糟的是，我還笨到聽從那些預測從來沒準過的傢伙口中的建議，來操作

手上的資金。簡單的說，我沒有掌握自己的財務，反而讓財務控制了我。

過去十年來，我逐步地做了必要的改變，走出一條適合個人興趣、能力以及目標為優先的道路。今天，我在 Google 的事業有成，同時還經營一家理財規劃公司，並且在兩者之間取得平衡，而這家公司能幫助他人解決我曾經面對過的財務問題。現在的我，終於在事業和財務上都感到踏實了。

但是我現在的成就，一路走來的過程並不容易。起初，我害怕採取行動和嘗試；而當我開始行動，卻經常失敗。回首過往，我意識到其中的許多艱難掙扎，都源自於我把專業和財務需求，當成是人生中分別獨立的部分，而非相互融合在一起。藉由理財顧問的工作，我發現許多客戶都像過去的我一樣，也在努力均衡這兩個問題。既然你正在讀這本書，我猜想，你可能也處於相同的情況。

我希望當我還是二十歲出頭、忙亂摸索改善自身事業和財務卻屢屢失敗的時候，能夠獲得像本書這樣的資源。在寫這本書的過程中，我諮詢了許多工作和財務方面的專家，大家慷慨地分享見解；這些專家包括了職業策略家、理財顧問、企業家、《財富》500 大企業高階主管、勵志演說家、獵人頭公司、

人生教練、新聞記者和暢銷書作家。為了尋求共通的連結，我自己也深入研究事業和財務的相關課題。一直以來，我都嘗試將自己以及理財規劃客戶的經驗，與向別人學到的東西連結起來。

事業和財務課題確實具有內在本質上的連結，不過我想，結合這兩個主題的書，鐵定不會是什麼能讓人悠閒地在海灘上閱讀的東西；想要涵蓋這兩個主題，又不會讓讀者們看了會想一頭撞死，我只會提供使你能夠掌握大局，並採取行動所需的訊息，而不是讓你陷入太多細節的泥沼裡。

除了介紹概念外，本書偶爾還會穿插一些我自己或他人經歷過的故事。這些故事全都是真實發生過的，但為了維護個人隱私，避免透露機密訊息，故事裡的一些細節（例如人物、團體和公司名稱）則會稍做更動。

不過，我提醒過，這是一本需要實際操作的書；更明確地說，我會請你回答一些有關個人需求和價值觀的問題，這可能需要你深思熟慮一番。另外，我還會提供一系列針對你的職業和財務狀況的練習，希望你能花一些時間逐一練習，這樣你可以為了實現目標，而建立一個真正適合自己的路線圖。

　　希望這本書能夠幫助你在個人職業和財務決策兩方面取得平衡點，讓你獲得更穩定、滿足和平靜的人生。儘管前方的道路並不輕鬆，但我可以向你保證，這麼做是值得的，因為你一定能讓個人財富最佳化，不再為生活汲汲營營。

　　接下來，就讓我告訴你該怎麼做。

PART 1

開始做打算

「不是每件有意義的事都能夠算得出來，
也不是每件算得出來的事都有意義。」

——亞伯特·愛因斯坦

我相信你應該很想立刻進行改善個人職業和財務狀況的實際基本操作，但是在討論任何實際細節或複雜計算之前，讓我們退一步，先確定一下，為什麼我們即將在本書中一起做的事，是非常重要的。

即使工作與金錢之間有相互的關聯，但它們對我們生活的影響和互相侵擾的程度卻沒那麼明顯，對我來說，亦是如此。不過，我發現如果擁有一個整合工作和金錢的策略，人們就可以用超乎自己想像的境界去掌控自己的生活，帶來更多幸福感與更清晰的目標。以我自己個人、以及許多我的理財規劃客戶實例來看，的確是如此。

在本部分章節中，我們將介紹幾個關鍵概念，這些概念有助於鼓勵你邁向事業和財務的康莊大道。特別是，我們要研究，一個人的生活開銷是如何幫助或損害工作與生活的靈活度。另外，我們也要破解一些迷思，像是藉由從事沒有回報工作來獲得滿足感的說法，釐清一些關於追求令人滿意職業的普遍誤解。而這裡所獲得的見解，將為你的工作和理財規劃奠定基礎。

第 1 章
你的價值超過你的想像

　　既然你在閱讀本書，就表示你可能可以從某些面向將自己的情況與我的故事做個類比。也許你有一份多數人認為是「好」的工作，但你卻覺得工作內容乏善可陳；你的資產淨值似乎緩慢增長，或根本沒有增長，甚至可能是負成長……更糟的是，每個早晨你從未是早起跳下床、開開心心去上班。或者，你熱愛自己的工作，卻不懂該如何實現財務目標。有時你可能會疑惑：「這一切都是為了什麼？這與我想像的生活有些落差。」

　　你不是唯一有這種感受的人。根據蓋洛普公司數據研究顯示 [1]，有近 70% 美國人不喜歡自己的工作；另外根據 CreditCards.com 的民意調查，65% 美國人因擔憂財務而失眠 [2]。事業和財務問題，在年輕專業族群中尤為普遍。事實上，

LinkedIn 的一項調查發現，在二十多歲和三十多歲族群中，75% 的人曾經歷過工作和金錢方面的「不安全感和懷疑」（無須多說，對吧？），也就是所謂的「青年危機」。 ③

雖然多數人都曾試圖改善事業和財務狀況，但可能是將它們視為兩個完全獨立的問題來處理。事實上，你在這兩個領域所做出的任何決定，可能會對生活中的其他領域產生重大影響。當我意識到這一點後，便徹底顛覆了我對工作和金錢的看法，以及要如何過生活的決定。

淨值不是最重要的一切

「工作不代表你，銀行存錢多少不代表你，你開的車不代表你，皮夾裡裝的東西更不代表你。」④

是的，這是電影《鬥陣俱樂部》（*Fight Club*）的台詞，但說得有理：你的資產淨值不能定義你是誰，也不等同於你的自我價值。然而，在我職業生涯早期，這卻正是我內心的想法。那是一種令人相當沮喪的心態，尤其是當我拿自己和登上《富比士》和《財富》雜誌封面的那些億萬富翁企業巨頭相比較時。

由於我太在意金錢，錙銖必較（可見我的匱乏），以致

於我忽略了我所擁有的一切。當時的我年輕、受過大學教育，
學有專精，有足夠的時間建立個人技能和收入潛力——即我
的人力資本。根據美國大學理事會（The College Board），你的人
力資本具有可觀的價值，一位大學畢業生的終身收入估計接
近 120 萬美元 [⑤]。 可惜的是，人力資本在簡要淨值報表計算
中，通常是不納入計算的資產——但也許應該納入計算。

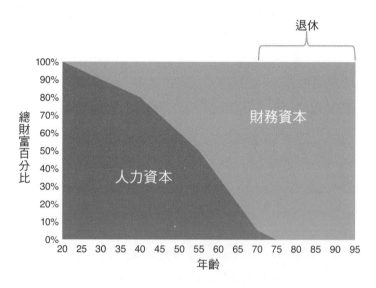

圖 1.1：你的人力資本和財務資本的演變

　　如果仔細思考，你的總財富是由人力資本和財務資本所組
成的（圖 1.1），那麼工作和金錢之間的關連，以及找一份自己

喜歡的工作如此重要的原因，就很清楚了。在職業生涯初期，我們的工作能力和賺得的收入，實際上累積了我們絕大部分的財富。在工作期間，我們開始將賺錢潛能轉換為實際現金，使我們能夠支付生活費用，為財務目標而儲蓄，並增加財務淨值。特別是在我們早期的黃金工作期，對人力資本的小幅改善（例如發展新技能或副業），對我們未來的淨值更能產生更大的影響，遠勝過在微不足道的投資組合中試圖賺 1%。

儲蓄不僅是為了退休

你是否想過，退休儲蓄的概念有多麼奇怪？當你終於離開了學校，加入勞動力行列，興奮地開始真正的工作（而且如果沒有意外，還能拿到薪水），但卻馬上有人勸戒你要開始儲蓄，為退休準備——明明自己離退休感覺還很遙遠，根本是幾百萬年後的事，那時你每天只要打打高爾夫球、當志工、到沙灘上呆坐著。有沒有搞錯？

這整件事聽起來很奇怪的原因是，退休並不合邏輯。事實上，我們現今所知道的退休制度，是到十九世紀後期才出現，有一位極具政治智慧的德國總理提出了這個概念。根據到當時的所有歷史記錄來看，人們都是一直工作到死為止——通常是勞動密集型的工作 ⑥。即使退休計畫開始普及，勞工也要等到

六十五歲或七十歲才能開始領取退休金。當時許多人甚至還沒退休就已經死亡——即使真的退休了，也往往無法長久享受退休生活。

把時間快轉到今日，很明顯地，我們對退休的態度並沒有與時俱進。今天美國的退休年齡中位數是六十二歲 [7]，但預期壽命則已躍升至八十多歲 [8]。另外，工作也變得愈少需要耗費體力（資訊高速公路萬歲！），對大多數七十五歲的老人來說，整天在煉鋼廠中勞動會很辛苦，但為公司提供顧問諮詢、書寫商業備忘錄或擔任 Uber 司機，可能就沒那麼累。當然了，如果你每週工作六十小時，那麼打打高爾夫球、到沙灘上坐著發呆，聽起來會很有趣，但你可能很快就會覺得很無聊（這可不是雙關語喔）。

別誤解我的意思——我的確認同為未來退休而儲蓄很重要，但如果我們可以重新塑造關於工作、退休和這個龐大財務目標的想法，會怎麼樣？如果你可以找到一份自己喜歡的工作，不想要退休，那又會如何呢？在這種情況下，你可能還是會在職業生涯中儘早存錢——但不僅僅是為了退休而存錢。相反地，儲蓄的好習慣是有立即的好處，你可以獲得更大的彈性去尋找自己喜歡的職業，甚至在職涯中能夠不時休息充電。

請認清這一點：要這麼做，你無需事先累積億萬財富。

那麼，為了獲得更多自由，掌握生活，你需要多少錢？這就是財務跑道：根據你的具體情況、基本開銷和價值，實現目標所需的儲蓄金額。

你的跑道有多長？

短的財務跑道，指的是只有一份緊急預備金——通常在支票或儲蓄帳戶中備有三到六個月的生活費。舉例來說，如果你每個月的花費為 5,000 美元，你應該擁有美元 15,000 至美元 30,000 美元的目標緊急預備金。通常理財顧問（包括我自己）會建議客戶，把建立緊急預備金這件事，列為他們該做的優先事項之一，這麼一來，客戶能夠存一筆錢，以備不時之需，應付失去工作、意外的醫療費用或其他昂貴的緊急情況。

至於很長的財務跑道，有時又稱為財務自由——這是廣受千禧世代歡迎的財務自由、提早退休運動（Financial Independence, Retire Early movement，有些人縮寫為「FIRE」）的概念。財務自由的定義通常是不再需要為錢而工作，因為儲蓄和投資組合的收入已足夠支付生活費用。在個人理財族群中，許多人都以 4% 法則作為衡量財務自由的起點——根據這條經

驗法則，透過現金和投資，人們需要有年度支出乘上 25 倍的儲蓄，才能達到財務自由。以這樣的法則為例，如果你每月的花費為 5,000 美元（年支出 60,000 美元），你需要 150 萬美元的現金和投資（60,000 x 25），才算得上是財務自由。

財務自由需要多少錢？：認識 4% 法則

決定一個人達成財務自由，傳統的計算方式是源自於一系列的研究。1994 年，理財顧問威廉·本根（Bill Bengen）發表了一篇研究，說明人們每年可以從退休投資組合中領出多少錢才算是安全，又不會提前耗盡金錢，因而奠定了 4% 法則的基礎[9]。由於退休人員的年齡與每個人所獲得的市場報酬順序高低不同，產生不同的結果，因此，本根的研究便著眼於 1926 年起到 1975 年，開始的三十年退休期間，各種投資組合的表現。他經由分析發現，人們可以在退休的第一年安全地提領 4% 的投資組合，在隨後各年亦可根據生活費用略作調整，安全地提領約 4% 額度。以 150 萬美元的投資組合來說，這表示能夠在退休的第一年安全地提領 60,000 美元。後來的研究，包括由美國德州三一大學的三位教授所進行的著名三一研究（Trinity study）[10]，都證實了本根的發現。

於是，4% 法則就誕生了。從數學角度看，你只需將年度支出除

以 4%，即可計算出實現財務自由所需的金額。由於多數人不擅長分數的心算，所以人們通常會將年度支出乘以 25 來簡化算式（4% 在數學上與 4/100 和 1/25 等值——也就是説，100/4%= 100 x 25。）。

儘管研究人員確定 4% 是三十年退休的安全提領率，但必須注意的是，這只是一個經驗法則。在本根的研究中，有些情況下，人們最終實際上留下很多額外的錢。另一方面，班根是用特定時期的市場狀況和報酬率來計算，正如我們在電視媒體上所看見的理財廣告，過去績效不代表未來表現。

奔向自由：財務跑道的力量

無論你是想要進行重大改變，或只是心態上的微妙調整，鋪設財務跑道都可以為你的行動，提供所需的信心和資金，進而改善你當下以及長期的生活品質。

讓我們從工作滿意度開始談起。為了增長你的財務跑道，你會需要擴大所能夠從事的工作類型，增加承擔更多專業上風險的彈性，這會對你的工作狀況產生正面的影響。就實務上來說，這可能意味著你能夠接受薪水較低但更令人滿意的職務，

更貼近你個人的興趣所在。或者在需要轉換行業時，也能充滿自信，即使這可能意味著一切需要從頭開始，重新努力。或是，也許工作已使你精疲力盡，需要暫時休息——在這種情況下，財務跑道讓你可以無薪休假，到世界去旅行。

《賺錢》（*Get Money*）作者，《紐約時報》（*New York Times*）撰稿人克莉斯汀・王（Kristin Wong）在職業生涯的早期便意識到了財務跑道的力量。大學畢業後，她擔任技術寫作人員一職，負責撰寫產品手冊內容——這當然不是她理想中的工作。在做過許多兼職後，她意識到自己想嘗試編劇。為了準備轉換工作，她花了一年的時間儲蓄，鋪設了一條六個月的財務跑道。

「如果沒有存這筆錢，我就不可能在沒有工作的情況下搬到洛杉磯，」克莉斯汀說。「這幫我爭取了時間，讓我能夠從事寫作工作，追求職業道路，最終引領我到達現在的成就。」

從更細微的層次來看，財務跑道也能幫助你改善日常的心態——通常會是以小而有意義的方式。舉例來說，我的客戶摩根（Morgan）在一家大型律師事務所擔任律師工作幾年，但嚴苛的同事和老闆，繁重的工作量和頻繁要求，導致她出現嚴重的倦怠症。儘管她想要把工作做好，卻深感困頓，痛苦難耐——直到她學會了財務跑道的概念。

當摩根達成十二個月的財務跑道時，發生了一件有趣的事情；她開始感到一種自由的感覺。由於手上有一條不短的財務跑道，摩根每天上班的時候，內心知道是她自己選擇留在那裡，而非感覺被困住，沒有發言權。擁有決定是否上班的權力，以及更正面積極的心態，還有其他好處，例如摩根發現自己更容易接受反應回饋，更能容忍難以相處的同事，並且對職務晉升這檔事也更有耐心。

擁有財務跑道所帶來的細微變化，亦可轉化為更堅實和長期的收益。如果以正面積極的心理狀態面對工作，可以產生更高品質的效果，並與同事的相處更融洽。最終，這些改善可讓雇主覺得你更有價值，進而得到晉升和加薪——讓你能夠進一步建立自己的財務跑道，你就可以繼續做出與個人目標和價值觀相符的選擇。這就是我想表達的！

夢想贏得大樂透

當我還在金融業工作時，我和同事們有一個傳統，就是每當樂透彩票大獎越過 3 億美元大關時，大家就會一起集資購買。集合每個人投入的錢，就能購買更多彩券，來提高中獎率。雖然中獎率依然很低，但我們還是有機會押注現金來奮力一搏——

以 3 億美元頭彩獎金來說，就算給 30 個人平分，每個人還是能
分得約 250 萬美元。

通常，在當天下注後的剩下工作時間裡，大部分同事都會開始夢
想，如果真的中獎要怎麼辦。雖然中獎機率微乎其微，但大家幻
想的內容其實也都差不多——把工作辭掉、休假、買房地產、擁
有健美體態和旅行。換句話說，這些夢想其實就是我們都是想要
過的生活。

唉，我們這群集資團根本從未中過大獎。每次美夢結束後，所有
人都不情願地回去上班，繼續努力奮鬥度過一天。或許更不幸的
是，我們之中有許多人真的認為，要能過自己想要的生活，唯一
的辦法就是中樂透。

你可以拿回自己生活的控制權

雖然聽起來有悖常理，不過財務跑道主要是受你花多少錢
影響，而不是你賺多少。讓我們靜下來，思考這件事。

我一直以為，自己需要達到一定的收入程度或累積大量金
錢，才能確保自己的生活有安全緩衝。我沒有意識到的是，控
制或減少生活費用，實際上就能產生很大的影響。

　　以兩個朋友為例，約翰（John）和馬克（Mark），他們的
年薪總額為 150,000 美元，稅後收入為 100,000 美元。約翰
每年的生活費是 95,000 美元，馬克每年的生活費是 60,000
美元。

　　藉由表 1.1 來比較這兩位的情況，你可以了解開銷較少，
能夠使你：

● **存錢更快**：由於約翰花掉大部分的收入，經過一年的工作，
　他甚至沒有能力儲蓄一個月的財務跑道。相較之下，馬克
　的生活比較節約，以同一時期來說，他儲蓄了八個月的財
　務跑道。

● **降低一些目標的成本**：有趣的是，由於約翰的支出較高，
　以他的固定基礎來說，他必須儲蓄更多資金，才能存夠緊
　急預備金（23,750 美元 vs.15,000 美元）和退休金（237.5
　萬美元 vs.150 萬美元）。由於他的龐大開銷和低儲蓄率，
　綜合兩者所代表的意義是，他需要花費近五年的時間才能
　存夠基本緊急預備金（即三個月的生活費用），而馬克只
　需 4.5 個月即可存夠基本緊急預備金。

● **獲得工作選擇的彈性**：約翰幾乎被限制在目前的工作或相
　近薪資的職位中，由於他的開銷很大，所以如果賺的錢較
　少，就會欠下大量的信用卡債。另一方面，馬克則具有相

當大的彈性。假設馬克拿到一份薪水 100,000 美元的工作，
如果想要，他就可以接受，因為他的生活開銷很低。

表 1.1：生活費用如何影響你的職業和生活寬裕程度

	約翰	馬克
薪資總額	150,000 美元	150,000 美元
稅金	50,000 美元	50,000 美元
淨薪資	100,000 美元	100,000 美元
花費	95,000 美元	60,000 美元
儲蓄 / 年	5,000 美元	40,000 美元
財務跑道 / 年	0.63 個月	8 個月
需要緊急預備金	23,750 美元	15,000 美元
儲蓄緊急預備金的時間	57 個月	4.5 個月
基本退休儲蓄金	2,375,000 美元	1,500,000 美元
所需的最低薪資	150,000 美元	90,000 美元

　　最重要的是，生活開銷對你能夠掌握的彈性程度、個人的
財務目標成本以及能夠從事的工作類型有很大的影響。

你無需財務自由即可擁有財務彈性

花點時間，想想你的職業、財務狀況和生活整體樣貌。你的日常生活需要處理什麼類型的痛點？如果能排除這些生活中的摩擦，感覺會如何？你需要多少財務跑道才有能力做到這些事？

無論你這些問題的答案為何，我都有一些好消息要告訴你：你可能不需要財務自由，就可以擁有彈性或自由，改善自己的職業和生活。事實上，你所需要的財務跑道資金額度可能只是三個月的緊急預備金。無論你是否有可幫助填補生活費用缺口（如有必要）的伴侶或父母，以及你自己的個人風險承受能力，確切的數字取決於你所想要改變的個人或專業性質。

確定你所需要的財務跑道金額，第一步是要評估目前的工作和財務狀況，我們會在本書的 PART 2 中來進行。接下來，你要完成一系列練習，以確定你理想職業道路的屬性。你目前的職業和目標工作的差異程度愈高，就可能需要更多的財務儲備才能進行轉換。如果你可以繼續從事目前的工作，建立轉換理想職位所需的技能或經驗，那麼，你需要的財務跑道金額可以少一點。

理想的職業觸手可及

　　我希望在本章中所介紹的觀念，能讓你相信，你的價值其實超過一份簡單的個人淨值說明書。無論個人處境如何，人力資本和財務跑道的綜合影響，代表著你的職業生涯有可能真正改變——即使一開始的時候，你的資產淨值是負的，而且還有大筆的學生貸款需要償還。

　　在下一章中，我們將深入了解，即使具備了人力資本和財務跑道，為何仍有那麼多人覺得被自己的工作限制住。我要向你提出挑戰，去重新思考一些在潛意識中內化的信念，使你能夠朝向自己想要的職業邁進，而不是社會安排好的道路。

第 2 章

關於工作的所有說法都是錯誤的

「多就是好。」

「每個人都有天職。」

「說它是工作，這是有原因的。」

這些話聽起來很耳熟嗎？在日常生活中，我們會接收到無數關於「好」工作和生活的訊息轟炸，這只是其中的一小部分。但由於我們有很多人都對星期一早上的到來感到畏懼，所以，或許我們一直以來所學到的都是錯的。

你也許知道一份「好」工作該怎麼做，只是在做的時候仍然感到痛苦，心裡想著：「就只是這樣嗎？」這讓我們陷入一個惡性循環，渴望獲得更多（更高的薪水、更負盛名的職位、更大的房子和更好的車子），然後犧牲其他的需求做為代價，結果使我們變得更不滿足。我懂，因為我就是這麼走過來的。

我的故事並不特別。我二十多歲的時光，都花在追逐人們

灌輸的工作迷思，而不是我真正認為有價值的事。如果我碰巧達成任何傳統上所謂的職業里程碑，像是獲得豐厚的獎金、不錯的加薪和晉升，我的臉上會燦笑幾個星期，縱情於杯觥交錯的盛宴，周旋於成功人士之間。但很快地，生活會再度恢復正常——這意味著我得重新開始忍受工作的折磨，擔心下一次績效考核，而不是解決一些更重要的問題……例如，首先，為什麼我工作這麼努力？

　　問題是，我在完全沒搞懂的情況下，去認同許多有關成功事業的謬論。雖然我最終意識到自己的錯誤，但由於我犯了以新迷思來取代舊迷思的錯誤，我得要辛苦地努力修正自己的工作狀況。這些迷思的內容看似彼此相互矛盾，但卻都具有一個共同的基本定調，那就是：快樂和金錢無法兼得。如今我才知道還有更好的想法。

　　讓我們一起來破解這些讓我在職業生涯中躊躇不前的迷思，它們可能也是阻礙你找到正確的道路。

「工作完全是為了金錢和名望」

　　我記得小學三年級時，有同學問我父親的職位頭銜是什麼，賺多少錢。不幸的是，當年的職場並不流行所謂的親子日，

我從沒去過父親的公司，所以我不知道。更何況當時的我，只顧著整理收藏的棒球卡，對這種路人甲的事根本不關心。但那次與同學的互動經驗，讓我留下了金錢和名望，是職業中最重要的印象。

當然了，這麼想也沒錯。錢很重要，畢竟我們都需要一些現金來支付我們的生活費用，想要錢也不是壞事。正如商業理論家克雷頓・克里斯汀生（Clayton Christensen）在著作《你要如何衡量你的人生》（*How Will You Measure Your Life*）中所解釋的，「重點不是金錢讓你工作起來不快樂，真的不是這樣。問題的根源，在於當個人的生活基本需求獲得保障後，追求賺更多錢的欲望成了人生的首要目標，超越了其他的一切。」[1]

克里斯汀生所描述的情形，正是我年輕時擔任銀行家所經歷的。那幾年，我錯誤地以為，如果薪水和獎金沒有讓我有百萬富翁的感覺，那我就要更努力工作，獲得更高的薪酬。但實際上，我玩起了一場註定失敗的遊戲，陷入多就是好的陷阱。在那之後的幾年裡，我看到許多客戶也犯下同樣的錯誤。

那麼，真正使人們快樂的是什麼呢？最著名的理論之一來自美國心理學家亞伯拉罕・馬斯洛（Abraham Maslow）在 1943 年所提出的，所有人全部都有特定的需求，這些需求可以金字塔

形的五個層級來描述（見圖 2.1）②。當一個人基本需求得到
了滿足，會繼續往金字塔更高層級的需求前進——包括愛、名
望和自我實現。儘管隨後有其他許多關於人類需求和快樂的研
究，但大致所得的結論相同：僅解決安全和財務問題，無法得
到自我實現。這便是產生空虛感「就只是這樣嗎？」的原因，
覺得自己像隻倉鼠一樣不停跑轉輪。

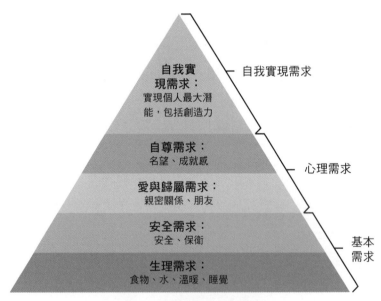

圖 2.1：馬斯洛的需求層級

　　即使在投資銀行工作時期，一遍又一遍體會到這種空虛的
感覺，我仍然害怕有所改變，因為我認為這就像自願認輸、放

棄——違背我所知關於成功和快樂的一切。事實上，如果不是
因為改變就發生在自己身上，我可能永遠不會願意改變自己的
道路：在這一行裡工作了七年，一步步爬上公司高層之後，一
次大規模裁員讓我意外失去了工作。

　　雖然這種突發事件讓人恐懼又不舒服，但也給了我時間和
空間，重新定義一份好工作對我來說的意義是什麼。在女友（現
任妻子）和朋友的鼓勵下，我逐漸能夠改變心態，降低金錢和
名望的優先地位，不再認為那是工作最重要的部分。結果，我
終於轉換成另一種更符合個人世界觀的工作，同時又增加了個
人理財方面的副業，滿足我企業家的本性。

　　現在，每當需要做出職涯上的重大決定時，我都會在腦海
中播放電影《魔球》（*Moneyball*）中的一個片段，提醒自己在銀
行業中學到的知識。電影裡有個場景，是布萊德・彼特飾演的
棒球隊經理比利・比恩（Billy Beane）說：「在我生命中曾經以金
錢為優先做過一個決定，我發誓永遠不會再做同樣的事。」[③]
是的，布萊德・彼特，我深有同感。

「工作的目標是一步步在公司往上爬」

　　在我的職業生涯早期，我相信職業是線性的——意思是

說，你在初階職位盡忠職守，磨練自己的技能，最後逐步晉升至高位。聽起來很合邏輯，對吧？畢竟人人都說，工作的目標是一步步爬上公司層峰。

我把早我幾年進公司的同事，視為未來發展的模範，認為我的薪酬待遇和生活程度將遵循他們的步伐。以金融術語來說，我試圖用過去的表現來預測未來的結果，但這不能保證我們生活中的任何方面（包括職業生涯）。

但我意識到，這樣的設想和許多大學剛畢業的專業人士沒兩樣。即使我們預期職業應該是線性發展，但通常不會如此──也不應該是這樣。實際上，從職業中獲得最大利益的人，通常所走的路徑看起來會比較像之字形，而不是直線。他們的職業發展可能包括暫休、轉行、降級甚至是接受減薪⋯⋯這些過程促使人們能夠發展技能，更加了解自己的興趣，提高職業滿意度。

以《紐約時報》派駐最高法院記者亞當・利普塔克（Adam Liptak）為例。利普塔克超過三十年的傑出職業生涯一直是線性的。自法學院畢業後，他到一間頂級律師事務所擔任了四年訴訟律師。但是利普塔克並沒有選擇走一條成為律師事務所合夥人的傳統道路，他決定選擇一條不同的路，轉職為企業內部的法務人員，最後成為一名法律記者。若當初利普塔克自我限制，

只選擇能夠獲得更多薪水、更高職位的道路，或傳統上外界所認為的「好」工作，他的事業就會截然不同，他也可能覺得沒有那麼滿足。

「我每次轉換職業，薪資都被降級，但每換一個工作，我都變得更加滿足，獲得的快樂也比前一個工作更多，」利普塔克說，「我想，從純財務角度來看，我做的選擇很愚蠢。但生活並非單純是經濟。」

利普塔克的故事告訴我們，真實世界中的工作，比許多職場書籍所介紹的更加不可預測。你不需要每年都加薪或晉升。事實上，這麼做，反而等於畫地自限，阻礙你原本可以抓住的機會，使你無法獲得更高的職業滿意度。

如果放開心胸，接受不遵循傳統路徑的機會，也許暫時要接受較低的薪資。但是，如果有足夠的財務跑道，你便可實行，轉換工作——讓你找到熱愛的工作，也很可能增加你的長期職業收入。

「每個人都有一份天職」

另一種迷思是：每個人都有一份真正的天職，這種說法很

危險。在我二十多歲的時候，曾隨意查看其他一些不屬於金融界範疇的職位，許多職位聽起來很有趣，但不能說那是什麼「天職的召喚」。因此我便停止了探索——放棄了那些現在回想起來，原本可以幫助我了解自己職業道路的選擇。

不單是我，天職的迷思經常引導人們前去尋寶，試圖找到「命中注定」——一種實際上並不存在的理想工作。真相是，人們可能在自己的一生中，甚至是在當下，同時具備各種不同的熱情，想要去追尋。

暢銷書作家兼葛萊美獎製片人得主——卡比爾・賽加爾（Kabir Sehgal）就是這樣的人。賽加爾並沒有大海撈針，而是同時從事四種不同的工作。他經常會將許多傳統職業（包括海軍軍官、投資銀行家和公司策略家）與創造性的工作相結合，例如寫書、創作和製作音樂。

「兩種職業勝過一種，」賽加爾說。「從事兩種職業，使你能夠發揮自己的好奇心，內心會感到更加充實。我發現，相較於只做一份職業，兩份職業你可能會做得更好。」

雖然你不必為了跟上賽加爾的步伐而多找三份工作，但你也不必為了找到能夠滿足你所有需求的工作而感到壓力。這就是

為什麼在本書後面，我們將用整整一章專門介紹如何進行副業。

「做你所愛」

我們都聽過這樣的話：「做自己喜歡做的事，你的生命就永遠沒有一天是在工作的。」這個迷思可能造成人們會去從事符合自己興趣的職業，而沒有考慮其他財務和生活方式的需求與價值觀。失去銀行工作之後，我也曾經迷惘，想知道是否需要在財務與生活兩個優先事項之間進行選擇。但正如我的故事所顯示，只要你願意採用創新的方式，將自己的所愛融入工作，就可以在職業興趣和生活方式需求之間取得平衡。

個人理財專家史蒂芬妮‧歐康諾（Stefanie O'Connell）是《破產人生真美麗》（The Broke and Beautiful Life）一書作者，在我的業界，她是另一位能夠跳脫思維框架，實現個人事業和財務目標的人。從小到大，歐康諾一直夢想能在百老匯演出。因此她從紐約大學畢業後，便懷抱熱情，追求自己的夢想，多年來，到處尋找機會。最後她找到一齣數百萬美元預算的音樂劇的工作，預計在麥迪遜廣場花園（Madison Square Garden）演出，這簡直就是她夢寐以求的工作。唯一的問題是，她每個月的收入只有 1600 美元。任何熟知紐約市房地產的人都知道，僅僅是房租就能很快吃掉她的所有收入。

「我一直在做自己喜歡的事，但卻犧牲了生活中的許多其他面向，」歐康諾說。「我放棄了一切，從基本的財務保障，到與親朋好友千載難逢的慶祝活動。」

對歐康諾而言，經過最終權衡，她認為根本不值得──但這並不意味著她願意接受一份沒有成就感的工作。藉由個人理財業務，歐康諾仍運用自己的公關演說技巧，定期為公司和其他團體代言。她也繼續表演的副業。

「我目前的設定，使我能夠創造所需的財務穩定性，同時過著自己想要的生活，」歐康諾解釋。「不但可以根據自己的情況，靈活調節演出活動，並且終於能夠騰出時間去做自己關心的其他事情，例如旅行，與親朋好友共度時光。」

歐康諾的故事告訴我們，即使並非從事「夢寐以求的工作」，你仍可以熱愛自己的事業。事實上，敞開心胸，接納其他可以實現個人愛好的方式，你經常可以發現更大的財務穩定性和整體快樂程度。

「平衡工作與生活才是答案」

當人們信奉前面我們討論過的迷思，卻無法實現個人目

標，就會得到一個結論，認為工作總是不愉快的。因此，最好的選擇就是要去找到一個工時較少的工作，好讓他們能夠將更多時間投入個人生活中。我還記得，從事金融工作多年後，我發覺自己開始想，我不能為了建立個人的全職事業，而去犧牲生活方式。但實際上，「工作與生活之間的平衡」這個建議我們應該將時間平均分配給工作和個人生活的概念，本身就是一個迷思。

　　這麼說，並不是指我們應該做更多工作。美國就業者已經把 52% 的平均清醒時間花費在職場或準備工作上 ④，任何人面對這種行程表都會感到壓力。即使不是在工作時間，許多人也放不下，耗費大量的休閒時間檢查並更新工作相關的電子郵件。結果造成工作很容易侵擾和破壞我們大部分的個人生活。難怪美國壓力協會（American Institute of Stress）表示，工作「已成為美國成年人壓力的主要來源。」⑤

　　然而，即使在當今工作過勞的社會中，時間較少的工作也不見得能讓你更快樂。如果你不喜歡自己的工作，你仍會不斷地倒數計時，還有幾天到週末，才可以過「真正的生活」。即使終於開始過「真正的生活」，你也可能會因為精疲力竭，去選擇做一些不必動大腦的活動（意指：狂看 Netflix，狂吃餅乾和奶油冰淇淋），而不去做一些能夠在現實中配合你的目

標，帶來成果的愛好。我當然知道花了一整天做自己討厭的工作後，要再去做任何有生產力的事，例如上健身房或讀書，有多麼困難。

但除了我的話，不妨參考看看其他意見。愈來愈多的思想領袖反對工作與生活要平衡的觀念，前任奇異公司董事長兼執行長傑克·威爾許（Jack Welch）就是其中之一。威爾許解釋：「沒有工作與生活的平衡這回事。工作與生活要選擇，而你做出選擇，就會產生後果。」[6] 的確如此——工作和生活如此的不穩定，因此難以達到完美的平衡——甚至是不可能的。事實上，這樣做可能只會使我們更加失望和沮喪。

那麼，我們大多數想要工作的人，但不希望工作侵害到其他方面的生活，該怎麼做？答案在於首先要找到適合的工作。

女性職業諮詢網站「就業女爵」（Career Contessa）創辦人羅倫·麥固溫（Lauren McGoodwin）親身體驗過找到一份好工作的益處。「當我找到一份適合的工作時，其他所有事便跟著自動就定位。我的身體開始感覺更好，更有自信，而且我與另一半以及與自己的人際關係也變好了。就像那種感覺，你經歷了漫長而陰沉的冬天，然後在春天第一個陽光和煦的日子走出門——你躍躍欲試，腳步變得輕快。這就是當我找到一份適合的工作

時的感覺。」

　　當然，找到適合的工作，說來容易做來難。在本書後面的章節，我們將聚焦於幫助你釐清定義，一份好工作對你來說是什麼模樣，而不是簡化地採用社會中大多數人（甚至包括為你好的父母）所贊同的想法。根據你所獲得的見解，可採取有效執行步驟，在現實中找到理想的工作。

掌控大局

　　關於什麼才是好工作，我們在一生中都不斷接收到微妙的訊息。有些訊息可能正確，有些可能半真半假，還有一些可能完全錯誤。現在正是一個好機會，可以重新審視那些組成我們想法的細節，以便決定哪些訊息符合個人的理想生活，哪些訊息需要丟棄。

　　在日常行程中空出 30 到 60 分鐘的時間，思考一下你可能在有意識或無意識間吸收了哪些職業迷思，以及它們如何影響你的職業生涯。拿起紙筆寫下來，然後找一個安靜的空間（不帶手機）思考下列問題：

● 你曾接觸過哪些職業迷思？你是否從朋友、家人、同事、

社群媒體或以上所有管道中聽過這些迷思？

- 在這些職業迷思中，是否哪一個或多個影響了你決定從事目前的工作？
- 這些迷思是否阻礙你換工作？
- 一些迷思是否使你不願考慮某些職業或工作？

即使你認為自己在目前的工作中勝任愉快，我仍然鼓勵你可以多思考自己與上面所討論的職業迷思的關係。因為一旦你了解自己選擇一條特定道路的潛在動機，便可以開始主導，積極管理個人的事業——無論是要堅持到底或完全改變方向。

PART 2

找到你的出發點

「先知自己身處何方，才知該往哪裡去。」

——馬雅・安哲羅（Maya Angelou）

個人事業和財務選擇是相互依存的，基於這個前提，讓我們將注意力轉移到你選擇拿起這本書的真正原因，以制定一項計畫，改善你的事業和財務狀況，並在過程中增加內心的平靜。在接下來的章節中，你將邁出第一步，藉由評估個人目前狀況，將職涯進行最佳化。

因為你的職業對生活有如此重要的影響，所以我們將從檢查你目前的工作開始。具體來說，我們將根據五個職業滿意度標竿（benchmarks）來評量你的職務角色，使你能更清楚哪些方面需要改進。你可能還會想出一份準則（criteria），一個充實而愉快的工作對你來說具有哪些條件。

確實了解目前的工作狀況後，接著要評估你所掌握的財務資源，以幫助你走向實現理想職業之路。首先，我將告訴你如何製作一張個人成績報告，報告卡基於幾個關鍵指標（key metrics），總結你

的財務狀況，這些指標包括你的淨值、資金消耗速度、財務跑道和信用評分。你還可以確定要儲蓄多少錢（根據不同情況），以及應付生活開銷費用所需的最低薪資是多少。

最後同樣重要的一點是，你將學到幾種有效且相對無痛的方法，來減少目前的生活開銷費用（指的是令你肉痛的小費，而不是寶貴的拿鐵咖啡），幫助你提高儲蓄率，延長財務跑道長度，同時又可以擴展你的職業選擇（指的是：如果你願意，可選擇薪水較低但更令人滿意的工作）。

馬上拿出紙和筆（或直接造訪本書網址：www.workyourmoneybook.com），準備好零嘴，歡樂派對要開始了！

第 3 章

你的工作還好嗎？

「最近好嗎？」許多人每天大概都會聽和說這句話至少十次左右。我還記得，每週一上午都這樣和銀行同事打招呼，但毫無意外地，大多時候都沒人回應我：我們都知道狀況如何（也就是說：不怎麼樣），此外，這些人大都和我一樣，星期日還到辦公室工作，所以我很清楚大家的狀況。偶爾會有人回答說：「這就是我夢寐以求的生活啊」，但真正的意思是「真是場惡夢啊！」或「睡飽都是奢求還作夢」。我們幾個人會笑著同意，然後各自去工作了。

上班的那幾個年頭，我知道自身情況距離理想還很遠，但除了長時間的工作和睡眠不足，我很難準確指出原因。在許多方面，我的職務都符合我為自己設定的標準。如今才發覺，我

除了忽略某方面的工作滿意程度，還過分重視了其他方面。

事實證明，工作滿意度可以、而且也應該在多個層面上評估。無論你對工作感覺滿意、爛透還是煩悶，請想清楚為什麼會有那種感覺，會很有幫助。這正是你在本章中要做的。

計畫如下。我要帶你審視你工作的五個面向，同時提出問題，讓你在各範圍重新進行檢查。你可以運用本章末的表 3.1 將回答寫下來（這些有幫助的表格亦可在本書網站取得，參考 www.workyourmoneybook.com），或在心中簡要回答，這兩種方式皆可，任君選擇。如果你想要用評分制，請考慮每個範圍是 1) 好、2) 還可以、3) 不太好。但是心裡要記得，並非每個範圍都需要是「好」，才表示對工作感到滿意。隨著人生走到各種不同階段，你會發現，今天最重要的工作範圍，明天可能就會改變。

到本章結束，你不僅更了解你的工作狀況，還知道為什麼會這樣。

工作因素 1：你是否正獲得價值？

你是否曾遇過一些人，宣稱他們自己在很小的時候（十歲或年紀更小）就已經知道以後想要做什麼工作？沒錯，有人說在他小時候父母給自己買了一股股份，這成了他們對股票市場產生興趣的契機，從那時開始，他們就想要從事公司併購的工作。聽著這些故事，我當時想：「老兄，真希望我十歲的時候父母就買股票給我，」或是「我打超級馬里歐賽車那麼厲害，要是有人願意付我錢就好了。」現在的我，心裡的想法卻是：「莫名其妙，一股股份到底跟公司併購有什麼關係？」

現實情況是，許多人大學一畢業就立即投入工作。我們的職業生涯會根據不同狀況而定：剛好到學校招募的公司，提供我們職位的一家公司，或是公司剛好位在我們想住的地點。因此，第一個工作因素——你所從事的行業和日常基本職責，不見得一定完全符合你的夢想，這是正常的。

請回答下列問題，評估你的行業和日常職責是否符合個人興趣和技能。

行業：

● 你對你行業所關注的主題感興趣嗎？

● 你是否發現自己在閒暇時間會閱讀行業發展的相關訊息，
還是並不關心？

● 當朋友和家人在社交聚會上詢問你的工作時，你是很興奮
地談論你的工作呢，還是會很快轉移話題？

日常職責：

● 不論你是否對你的行業感興趣，你的日常工作是否與個人
技能和興趣相符？

● 你覺得自己的工作有趣嗎？或者只是被分配去做沒人想要
做的工作？

● 你是否覺得自己從工作中學到東西，有所挑戰？

● 你期待與客戶合作嗎？

工作因素 2：你是否在增加價值？

> 解讀：你覺得自己能夠對工作產生影響嗎？

我們都想透過工作來增加價值。但是很可惜，我們經常對
工作中可產生積極影響的許多方式視而不見──這個疏忽可能
會導致我們不必要的不滿。

耶魯大學艾美・瑞斯尼斯基（Amy Wrzesniewski）博士和密西根大學珍・達頓（Jane Dutton）博士，於 2000 年對醫院清潔工進行了一項研究，這項研究凸顯出我們對工作的看法會影響我們的整體感覺[①]。一些研究參與者表示，他們認為自己的工作職責僅限於為他人清潔，這組人很少偏離預定的職責，這一點也不意外。另一群做相同工作的人，則描述其工作職責為協助患者和醫院組織，共創正面經驗。這組人靈活看待自己的角色，經常承擔額外的責任，也與其他醫院工作人員和患者互動頻繁，整體上正面看待自己的工作。相同的工作，卻有兩種完全不同的觀點。俗話說，一個人的感知就是事實。

真相是，你不需要是公司的執行長，也不需要拯救生命或消除世界飢餓，才能感覺到自己的工作具有影響力。你只需完成任務，支援經理人準時參加會議，或製作有趣的梗圖來提振同事的士氣，便可使你的組織受益。藉由工作，我們大家都會以某種方式或另一種方式去增加我們的價值……儘管有時不容易看見。

關於這一點，我鼓勵你自問下列的問題，思考你在工作中可能產生的真實可感知的影響：

● 你覺得自己的工作對團隊、組織或產業有所影響嗎？

- 其他人，包括主管、同事或客戶，是否接受或認同你所產生的影響？

- 你是否認為你的工作對公司以外的其他人（例如對你的客戶，或對更廣大的社會）產生正面影響？

- 你是否發現自己在工作中具有做出決定的自主權和自由？

- 你是否清楚了解自己的職位、職責和績效期望？你是否明確知道該如何達成超越個人職責的表現，或產生更大影響？

- 你是否預期你的工作影響在不久的將來會增加（例如，藉由開展新計畫或獲得晉升）？

工作因素 3：你是否在增加個人的市場價值？

> 解讀：你目前的職位，擴大還是減少了未來的工作選擇？

　　我記得，在美國的中學（6 至 8 年級）時期，想要讓自己在校園中擁有不錯的名聲，可以穿最「in」的潮牌（無論是 Nike Air Jordans、Skidz 格子短褲、Levi's 牛仔褲，還是 Abercrombie & Fitch 等等產品），或在某些事物上有傑出的表現，特別是運動方面（至於像我一樣會彈鋼琴的……沒什麼效果）。

信不信由你，用來增加個人在就業市場價值的方法（即未來可為你提供更多選擇和機會），與在中學裡抬高身價的策略，其實並沒有相去太遠。你可以藉由與某些知名品牌建立連結，來提高個人的市場銷售性；無論是在高盛盡忠職守，還是拿到哈佛商學院 MBA。想要增加個人市場價值，你還可以擔任一些角色，幫助你建立可轉換的技能和經驗，或是在特殊需求的領域工作（撰寫本文時，最搶手的特殊需求，大概是工程學以及任何關於自動駕駛汽車領域的技術）。

另一方面，某些工作可能會很快沒有未來，限縮了你的市場可銷售性，特別是在你長期從事這些工作的情況下。這些可能包括衰退性產業中的工作、會被自動化取代的職位，以及技術轉移性較低的工作職責。

請檢視一下個人的情況，並藉由下列問題，幫助決定目前的職位是為你開創未來還是扼殺未來：

- 你是否為聲譽卓著或受人尊敬的組織機構工作？
- 你是否正獲得使自己適合各種雇主和行業的技能？還是你的工作重點很狹隘，這意味著將來你可能只能轉換到非常類似的組織或職位？
- 考慮你組織中的前同事。他們能夠轉換進入哪些職位（公

司內部／外部）？你也會對那些職位感興趣嗎？

● 你是否會想要有一天坐上現在老闆的位置？組織的領導方式會激勵你嗎？

工作因素 4：你的職務是否符合個人價值觀？

> 解讀：你的辦公室環境、工作安排的靈活性和員工福利，是否改善你的整體生活品質？

在成長過程中，我對自己的日程安排和生活品質管控十分嚴格──早上 6 點起床；早上 7 點到下午 3 點上學；足球、越野慢跑或田徑練習直到下午 5 點；晚上 6 點吃晚餐；晚上 7:30 練鋼琴；其他剩餘的時間做作業。每天重複。最糟糕的是，我自認對這件事沒有話語權。事實上，我非常討厭這些活動（特別是家庭作業）。我以為，工作的世界和學校一樣，同樣遵循壓迫和嚴格的規範，但只要我在工作表現出色，總有一天，一切都會值得的。天啊！我真是大錯特錯。

如今我知道，即使你的工作在許多方面都進展順利，只要它不能讓你實現個人興趣並與優先目標保持在同一方向上，你可能都不會感到快樂。因此，不要忽視或抹殺工作中的生活品質，包括公司文化、工作時間、員工福利，你對同事的喜歡程

度以及辦公室的位置和環境。

想要評估你的工作生活品質，請自問：

- 你喜歡自己的辦公環境嗎？
- 你是否短程通勤（如果這一點很重要的話）？
- 你是否喜歡平時會與你打交道的人嗎？像是同事、客戶、廠商？
- 在工作中，你是否有信任的人，可吐露個人和職業問題，例如在好日子一同慶祝，壞日子一同發洩，以及一同討論問題，這些問題是你不太願意詢問人力資源部門的（這些人有時稱為「工作配偶」）？
- 你目前的工作，是否為員工提供改善生活品質的福利，例如慷慨的休假政策（例如休假、病假、家事假）和靈活的工作安排（像是可在家工作、非全職全時工作）？是否缺乏任何你認為重要的福利？
- 你目前的工作，是否可讓你有足夠時間與親朋好友相處（如果這對你很重要）？
- 你的工作是否可讓你自由參與有興趣的活動？例如，一些公司會限制員工參與任何與相關業務無關的活動（意指：即使是很小的兼職），甚至禁止員工到網站或部落格交流意見。

工作因素 5：你覺得自己有價值嗎？

解讀：你是否覺得自己在薪水、升遷和工作
職責方面都得到了應有的報酬？

雖然人們通常在評估工作滿意度時，會給予金錢和頭銜過多的權重，但這些仍然是值得好好思考的要點。我們大家都希望自己在財務和非財務方面的辛勤工作，能夠得到人們的認同，更不用說大多數人需要一定的收入才能支付生活費用，並為財務目標提供資金。

財務薪酬包括你的基本薪資、獎金和員工認股。在某些情況下，薪酬數字是公開披露的，例如律師事務所受雇律師的薪水。而在不同情況下，通常可以藉由查詢以薪資為重點的網站（例如 salary.com 和 payscale.com），工作評估網站（例如 glassdoor.com），以及與自己領域相似的職缺列表網站，掌握大致的方向，以了解你是否得到應有的薪酬。與招募人員的對話，也可幫助你評估是否獲得合理的薪酬。

薪酬通常與你的工作層級和升遷息息相關。無論你擔任什麼職位，都希望確保自己的職責與職務頭銜或職等相稱。這很重要，因為如果你的職責比同級的人要低，那麼你在這個位置

上就不會有向上發展的空間。另一方面，如果你比職位同級的人承擔更多責任，表示你可能受到不公平待遇。

捫心自問，在你或其他組織擔任相同職位的人，是否具有與你相似的背景、經驗和責任。你也要拿自己和組織內具有類似職務頭銜的同事相比較，考量個人的成長和升遷機會。特別要注意你獲得晉升的機會，是否：1) 與他人的步伐一致，2) 比他人慢，或 3) 比他人快？如果你認為自己獲得的晉升速度比同級的慢，但你們的績效表現差不多，那麼就想想，是什麼因素阻礙了你？這些阻礙可能包括：

你的主管

- 你的主管是否完全支持你的職涯發展？
- 你的主管在組織中受到尊敬，且他的職業生涯有發展嗎？
- 你的主管握有能力和政治資本，加速你的事業嗎？

曝光度

- 你被分配的計畫，除了主管和直屬團隊外，是否還獲得組織中其他人的支持？

期望／回饋

- 你是否覺得自己有明確的目標和期望，或你的主管一直持

續完成任務？

● 你是否一整年都收到來自主管的直接回饋，讓你能改善並
　達成職業發展目標，還是收到的訊息很混亂？

● 當你看到自己的年度考核，其中的內容會令你感到驚訝
　嗎？還是主管在這一整年中已不斷傳達這些內容給你？

　　從非財務的角度看，薪酬和認可可能更加微妙。例如，身
為團隊的一員，得到公平待遇和重視的感覺，是你會想要在工
作中尋求賞識的訊息。你的主管和同事邀請你參加重要會議，
將你分配到更具影響力的計畫，尋求你對工作的看法，或只是
單純對你表現出個人興趣，都可以傳達這些訊息，而不是只把
你當成是企業中的小角色。

　　非財務報酬也可以成為你職業發展軌道的重要警訊，特別
是在薪水標準化的組織中。例如，在頂級律師事務所（通常稱
為 big law，意指「大型律師事務所」）任期相同的受雇律師，
基本薪資和獎金數字通常都是統一的。當我問任職於一家大型
律師事務所的朋友關於這種做法的時候，他解釋道：「當然，
我們每個人都得到相同的報酬，但是合夥人會藉由交付較重要
或有趣的案子，來獎勵表現頂尖的人。經過一段時間，這會使
一些受雇律師往合夥人的道路前進，而其他表現欠佳的受雇律
師，最終可能必須離開公司。」

其他形式的非財務認可，可能包括受邀參加會議，接受專業發展培訓，以及在公司獲得更多提升知名度的機會。

總結你目前的工作狀況

要是真的有工作的每個工作因素都是正面的，那就太不可思議了，期待這種工作並不實際，也不是工作滿意度所必需的。舉例來說，生活品質對你而言或許不是最重要，可能是因為你還單身、才二十歲出頭；也可能是對工作內容並不感到太興奮，但其他所有工作因素都很好。另外，許多人會在職業生涯之外尋找滿足某些需求的方式，不是只倚賴自己的日常工作。

「職業女爵」創辦人羅倫・麥固溫說：「當我開始思考工作中對我重要的事情時，我意識到這就像為你的錢編預算一樣——你無法購買所想要的一切，你也不會在工作中獲得所想要的一切。當我領悟到這一點，我才開始強化自己，認識一間公司和職位對我來說，最重要的是什麼。」

運用表 3.1 快速掌握你目前的工作狀況（亦可參考 www. workyourmoneybook.com）。首先記下你對每個工作因素所評估的等級。接下來思考每個工作因素的優先順序，最後，考慮是否存在特定的阻礙，妨害你改善工作狀況的各面向。

表 3.1：評估你目前的職位

工作因素	解讀	評分（好，可，不好）	排行，從最重要到最不重要（1 最不重要，5 最重要）	阻礙
1. 你是否正獲得價值？	你喜歡每天的日常事務嗎？			
2. 你是否在增加價值？	你覺得自己能夠對工作產生影響力嗎？			
3. 你是否在增加個人的市場價值？	你目前的職務是擴大還是減少未來的工作選擇？			
4. 你的職務是否符合個人價值觀？	你的辦公室環境、工作安排的靈活性員工福利，是否改善你的整體生活品質？			
5. 你覺得自己有價值嗎？	你覺得從薪資、升遷、工作責任方面得到同等的回報嗎？			

現在你知道

在完成本章練習和問題之後，你應該對你目前工作職位的喜好和不滿意，以及可能妨害你改善工作狀況的障礙，有更深入的體認。在 PART 3 中，我們就要幫助你更加理解何謂理想工作，進一步強化這些體認，這樣就能準備好學習相關策略，將你所有的工作與理想工作之間的差距縮小。

第 4 章
製作個人財務報告卡

「全部都在這嗎？」在我們第一次理財規劃面談會議中，我問克萊兒。

「我的退休計畫好像是 IRA……還是羅斯 IRA ？」她回答。

「我還記得前面三任雇主，我都有存 401(k) 公司退休金，但我該如何追溯這筆錢呢？」

在我開始與新客戶合作時，這種交流並不少見。在第一次的面談中，我會請他們在我網站的客戶登入頁面中，將帳戶餘額彙整起來，並上傳一些備用文件，像是對帳單、報稅單等等，以便更好地了解他們的財務狀況。對於一些客戶來說，這個做法相對簡單，因為他們一直都清楚個人的財務狀況。但是，對於大多數人來說，好比克萊兒，這可能是他們第一次這麼仔細了解自己的財務狀況。

從我與克萊兒的談話中可以看出，最初準備就緒的過程可能漫長又痛苦，但最終，會是值得的。我可以看得出來，當客戶

離開時，他們覺得更能掌握自己的財務狀況，也準備好要開始在財務目標方面取得進展。以克萊兒為例，我們追溯和整合她所擁有的幾個不同退休帳戶。克萊兒不僅節省大筆費用，而且能夠更好地追蹤和管理自己的儲蓄，因而感到安心。

這就是製作財務報告卡的力量──可以為你改善目前狀況，並打下實現目標的基礎。你的財務報告卡，會根據這四個關鍵指標，來統整你的財務狀況：

● **淨值**──你所擁有的資產減去所欠的資產。
● **燒錢率**──你的支出，這會影響你的儲蓄。
● **財務跑道**──你目前的儲蓄能夠支付的生活費用，以月數計。
● **信用報告和評分**──你借錢的歷史。

在本章中，我將逐步介紹這四個財務關鍵指標，同時為你提供有關如何建立財務報告卡的詳細步驟。等到你全部完成後，就有了基礎，可以來決定如何實現你的眾多財務目標。

指標 1：淨值

製作財務報告卡，首先要釐清的指標是你的淨值。你的淨值是某段時期的個人總資產（即你所擁有的資產）和總負債（即你所積欠的資產）之間的差額：

> **淨值 = 資產（你所擁有的資產）—負債（你所積欠的資產）**

資產是任何有價值的東西，包括你的支票帳戶和儲蓄帳戶中所有的資金，以及 401(k) 或一般證券帳戶中的投資，還有房屋和汽車的價值。在技術上，你用了兩年的日式床墊也會被認為是資產，但為了便於計算和更新你的淨值，最簡單的方法就是只計算價值美元 5,000 美元以上的物質資產。

負債是你欠他人的任何錢，包括學生貸款，汽車貸款，抵押和信用卡債。

表 4.1 舉例說明一份完整的淨值報表，表格也可以到作者網站上免費取得（https://www.workyourmoneybook.com/worksheets），你可用來評估自己的淨值。

表 4.1：淨值範本完成範例

	01/01/20	02/01/20
資產		
支票和儲蓄帳戶	15,000 美元	12,000 美元
退休帳戶〔401(k)、IRA〕	100,000 美元	105,000 美元
證券帳戶	25,000 美元	27,000 美元
(1) 總資產	**140,000 美元**	**144,000 美元**
負債		
助學貸款	50,000 美元	49,000 美元
(2) 總負債	**50,000 美元**	**49,000 美元**
(3) 淨值（1 － 2）	**90,000 美元**	**95,000 美元**

◇◇◇◇◇◇◇◇◇◇◇◇◇◇◇ **如何計算你的淨值** ◇◇◇◇◇◇◇◇◇◇◇◇◇◇◇

● **步驟 1：寫入你的帳戶餘額**

　　將你所有的帳戶列成一張表，其中包括了支票和儲蓄帳戶、退休帳戶、應稅券商帳戶以及任何貸款帳戶。然後，你可運用下列兩種方法之一，持續追蹤記錄這些帳戶的餘額。

● **傳統方法**：手動檢查每個帳戶網站或帳戶對帳單，然後將餘額輸入表格。你可以參考網站上的淨值範本 https://www.workyourmoneybook.com/worksheets 來開始記錄。

● **自動化方法**：將你所有的財務帳戶都同步到一些入口網站，

例如 www.mint.com 或 www.personalcapital.com。註冊登入，開始同步帳戶後，這些網站將自動更新你的各種帳戶餘額，並計算淨值──使你能夠隨時快速查看你的淨值。

爲什麼我用傳統方法來計算我的淨值？

傳統的方法雖然看似沒有效率，但我實際上更喜歡用這種方法來追蹤我的淨資產，因為我覺得這種方式有更大的參與感，更能意識到任何重大的變化。

特別是，如果我發現個人淨值大幅增加或減少，可以更深入了解是哪些帳戶造成了這種變化。例如，我可能會發現，自從我上次檢查個人淨值以來，在支票帳戶花了一筆非常大的資金。或是股票市場中出現了巨大的正負變化，造成我的淨值發生改變。也或許是我剛收到年終獎金，或是公司提撥年度 401(k) 的相對金額到我的帳戶裡，使淨值增長。無論是那一種情形，我都覺得手動輸入帳戶餘額會使我更有參與感，我鼓勵你也不妨試試看。

　　如果你不曾追蹤過自己的淨值，一開始可能會想要兩種方法都試過幾個月。到那時，你應該能夠知道哪種方法最適合你。

● 步驟 2：寫入你的房屋和汽車價值

　　無論使用哪種方法，你都需要將你所有的任何房屋和汽車，依目前的市場價值手動寫下來。但寫入這些值可能不如寫入帳戶餘額那麼明確。以下我提供一種方法來簡化這個過程，來確定汽車和房屋的市場估值。

━ 汽車價值

　　寫入車子目前的市場價值，而不是你買車時所支付的價格，因為目前的市場價值是如果你今天把車賣掉，會得到比較接近的近似價格。請上網站 www.edmunds.com 或 www.kbb.com 等，以估算汽車的目前價值。由於汽車價格可能不會每天甚至每月都有變化，你可以在個人淨值表中，每隔六到十二個月更新一次汽車的價值，不需要經常調整估值（意指：汽車價值可沿用六到十二個月）。

━ 房屋價值

　　首先，確定房屋的目前估值。Zillow.com 和 Trulia.com 等網站可以提供這些價格估算，同時還可以讓你查看比較近期的房屋銷售價格。你的資產淨值表中要寫入的價值，會取決於你所支付的價格與目前看到的估價，兩者之間的關係。

　　● **目前價格 ≤ 購買價格**：用目前價格作為房屋價值。

● **目前價格 > 購買價格**：如果目前價格大於購買價格，我建議採用兩個數字的平均值，而不是單純寫入目前的估價。如果估計的房屋價值與實際情況相差甚遠，這麼做有助於避免人為過度放大你的資產淨值。此外，在大多數情況下，房屋比其他金融資產的流動性要差（即出售房屋花費的時間更長），因此目前的估計價格可能高於你以後出售房屋時所能拿到的價格。最後，這種方法可幫助你在某種程度上涵蓋交易成本（即過戶費），以及出售房屋時可能要支付的房屋稅。

　　更新房屋價格與更新汽車價值類似，除非市場發生重大變化，否則你每六到十二個月更新一次資產淨值表中的房屋價值即可。如果你除了房屋和汽車，還擁有其他至少價值 5,000 美元的有形資產，你也許會想要把它加到你的淨值報表中。

拆解流動與非流動資產

前面提到，房屋比其他金融資產的流動性更差。通常，流動性是指在不影響資產市值的情況下，以多快的速度出售資產，換取現金的方式。流動性好的資產可以依資產的當前價格或接近價格的價格快速進行買賣。流動性差的資產可能需要較長的時間才能變

現，實現市場價格，如果你需要快速出售流動性較差的資產，就可能必須降價求售。

例如，如果今天一股蘋果股票的交易價格為 100 美元，我知道我很可能在短期內以差不多的價格出售一部分蘋果股票──使它成為流動資產。

另一方面，如果我想以房屋當前估計的市場價值 500,000 美元出售，我可能必須僱用一位房地產經紀人，幫我把房屋放到委託待售清單上，然後舉辦幾週或幾個月的現場銷售，開放參觀房屋，希望能找到願意付出委託價格的買家。如果希望快速出售房地產，通常很難在不接受大幅削價的情況下達成，因此被認為是流動性很差的資產。

● 步驟 3：重複更新

我建議你安排固定的時間表（即每個月、每個季度、每年的同一天或前後）來檢查整理你的淨值，以便你能夠比較同期結果。我認為每月檢查一次是理想的方式，因為這樣的頻率可以讓你熟知個人財務狀況，並以接近即時的方式進行任何必要的調整。就我個人而言，我是固定在每個月的第一天，在行事曆上安排一個小時的活動事件，以確保我擠出足夠的時間來更新自己的資產淨值表。

指標 2：燒錢率

　　下一個要處理的指標，是你的燒錢率，也就是你在一段特定時間內的花費。燒錢率很重要，因為當你更清楚了解錢的去向時，你更能控制個人財務。即使你認為對自己的燒錢率已有大概的了解，我仍強烈建議你依本節中的說明完成計算。根據我與客戶合作的經驗，我發現大多數人對支出模式的看法與現實情況相去甚遠（意指：大多數人都明顯低估了支出金額──我個人也深感心虛！）。

　　例如，我的客戶凱莉（Callie）想搬到距離辦公室較近的公寓，但根據她的每月支出，這樣做是不可能的。在計算燒錢率後，她驚訝地發現每月約有三分之一的支出是花在餐廳用餐。凱莉現在多半自己做飯，如此有助於減少她的支出，並使她更能接近住在辦公室附近的目標。這就是計算燒錢率的力量！

表 4.2：燒錢率範本完成範例

	每月花費	年度花費
固定每月支出	**2,100 美元**	**25,200 美元**
房租	2,000 美元	24,000 美元
網路	100 美元	1,200 美元
每月變動支出	**400 美元**	**4,800 美元**
超市購物	200 美元	2,400 美元
外食	200 美元	2,400 美元
年度支出	**275 美元**	**3,300 美元**
眼鏡	25 美元	300 美元
度假	250 美元	3,000 美元
總燒錢率	**2,775 美元**	**33,300 美元**

如何計算你的燒錢率

　　找出燒錢率，我最推薦的方法是用我們的老朋友 Excel 電子試算表，以及自動財務入口網站，例如 www.mint.com 或 www.personalcapital.com，可從你的各個帳戶中自動收集財務訊息。你可用燒錢率的網址 https://www.workyourmoneybook.com/worksheets，幫助你入門，也可以製作自己的表格（以表 4.2 範例範本為基礎）。

　　建議你在製作燒錢率表格時，依照下面的最佳實踐做法，即可獲得關於個人支出模式的寶貴見解，不需再額外研究。

● **估算每月和年度花費**：建立兩欄，估算每月和年度支出。這將幫助你看見每月花費所累積的年度金額，也可讓你知道年度支出分攤到每個月的花費是多少。你還可以將年度支出與年度淨收入進行比較，藉此了解，是否還有額外的存款。

● **分類各種支出**：將各種支出分為以下三大類：

　▪ **每月固定支出**：這些花費包括每月不變的經常性支出，例如住房支出（租金或房屋貸款），非不動產貸款（學生貸款），育兒或學費，交通（汽車、汽油、通行費、大眾運輸），保險（健康、房客／房主等），公用事業（電話、有線電視、網路）及其他固定支出（如健身房會員資格）。

　▪ **每月變動支出**：這些花費包括每月發生的支出，但金額會變動，例如飲食（超市購物、外食、外送），娛樂（酒吧、音樂會），美容和個人保健，衣物的乾洗費，以及逛街購物。

　▪ **年度支出**：這些花費包括每年可能只會出現一次的支出，例如度假，一些保險金，維修（房屋、汽車）及專業費用（會計師、理財師）。

▬ 取得數據

你大概記得每月許多固定的費用，例如房租或電話費。若是想不起來，你可查看最近的帳單、信用卡對帳單，或你選用的財務入口網站，來追蹤這些數字。對於變動的每月支出，你可查看過去三、四個月的信用卡對帳單或財務入口網站訊息，估計每個類別的平均月支出。

在燒錢率表格中填寫固定和變動的每月支出時，你只要：

- 完成每月花費列表。
- 關於「年度花費」列表，將每個月開銷乘以 12，即可得到年度花費。

對於年度花費，你可以採用倒寫法，也就是：

- 在「年度花費」列表中填寫這些費用。
- 在「每月花費」列表中，將每個年度花費除以 12，即可計算出「每月」列表的數字（同時心裡要有數，其中許多支出，例如度假或緊急醫療費用，並不是每月都有）。

▬ 你存錢了嗎？

現在，你已經算出每年的燒錢率，可以將這個數字與你的

年度淨收入進行比較，便可知道自己是否有存到錢。你可用去年最後一張薪資明細表或線上稅金試算器，來計算你的淨收入。

　　使用薪資明細表，請查看去年最後一張薪資明細表。計算你的總收入，然後減去已繳稅款（例如，聯邦稅、州稅、地方稅、社安稅、健康保險）。或者，你可以直接用個人淨收入，然後把你在燒錢率表格中已經算好的支出再加回來，例如健保費和交通成本，或任何非支出項目，例如提撥到 401(k) 帳戶的金額。

　　運用線上稅金試算器，請將你的總收入輸入線上稅金試算器，例如 SmartAsset 所提供的試算器。這個工具可試算你需要負擔的聯邦稅、州稅和地方稅，然後輸出淨收入金額。

　　確定個人淨收入和生活支出費用之間的關係後，便可確知你是否有在存錢：

- **淨收入 < 支出**：你沒有存錢，很可能已過度累積借貸，減損你的淨值。
- **淨收入 = 支出**：你沒有存錢，只是在維持收支平衡，目前的淨值既無增加也無減少。
- **淨收入 > 支出**：你正在存錢，淨值在增長。

● 足夠負擔燒錢率的最低薪資

除了能夠計算你目前儲蓄的金額，知道你的燒錢率，還可讓你確定足夠負擔生活支出所需的最低薪資。為了計算此費用，請將各種薪資總額輸入 SmartAsset 提供的「線上薪水試算器」（Federal Paycheck Calculator），算出可以滿足你每年燒錢率的最低收入需求。

表 4.3：你目前的財務跑道

(1) 淨值	
(2) 每月燒錢率	
(3) 財務跑道月數（1÷2）	

指標 3：財務跑道

[　　　　解讀：你儲蓄了幾個月的生活費？　　　　]

現在，將你的淨值和燒錢率填入表 4.3，以算出目前的財務跑道可維持幾個月。（此表格亦可於作者網站取得：https://www.workyourmoneybook.com/）

用你的資產淨值來計算財務跑道，雖然使你能對自己的整體財務狀況有所認識，但這種方法可能包括流動性差或不易取

得的資產，例如房屋淨值和退休帳戶中的存款。這兩種資產的確對你的整體財務跑道能有所貢獻，但實際上你可能無法利用它們度過短暫的過渡期。

因此，計算你的流動財務跑道，也會對你有所幫助——計算時用的不是你的淨資產，而是用所有現金帳戶和應稅券商帳戶的加總餘額。如第 1 章所述，你至少應準備三個月的流動財務跑道，以現金形式存放這份緊急預備金。如果金額短少，請不要擔心——有一些延長財務跑道的辦法，我們將在下一章中介紹。

指標 4：信用報告和分數

[　　解讀：借貸金錢時你是否負起責任？ 　　]

編製你的財務報告卡時，最後一項是你的信用報告和信用評分，兩者雖然不同，卻息息相關。

信用報告提供你信用歷史記錄的詳細資料，包括未償債務的類型、貸款餘額、信用額度、帳戶狀態和還款歷史記錄。信用報告還含有個人資料，例如你的社會安全號碼、出生日期、過去的地址，很可能還有工作經歷。這些報告來自三個美國信用報告機構：Equifax、Experian 和 TransUnion。

公司和放款人會用你信用報告中的資料，來計算你的信用評分，分數通常在 300 到 850 之間。放款人隨後會用你的信用評分來決定是否通過你的借貸，如果答應，借貸的利率是多少。

信用評分看清楚

近來，取得信用評分非常容易。許多銀行和信用卡公司可應客戶要求，免費提供信用評分。諸如 Chase 和 Discover 等銀行，甚至不要求你成為客戶，即可提供免費的信用評分。以信用為主的網站，例如 www.creditkarma.com 和 www.creditsesame.com，只要註冊新帳號即可提供免費信用評分。

如果你曾經用過多種方法查詢個人信用評分，可能會注意到評分有差異，想知道為什麼嗎？信不信由你，事實上，每個人都有多個信用評分，分數的不同是基於幾個因素 [1]：

● **採用的信用資料**：信用評分通常基於單一信用機構的報告，而非所有三間信用機構的報告組合。而且每間信用報告機構就你的檔案可能會提出不同的資料，因為他們並沒有要求放款人必須把帳戶資料提供給所有三間信用報告機構 [2]。因此，你的信用評分不一樣，可能是根據不同信用報告機構所提供的基本資料。

● **方法理論**：根據評估你信用訊息的評分模型不同，信用評
分也可能會不一樣。以 Fair Isaac Corporation（FICO）和
VantageScore 的評分模型來說，雖然他們考量的是你信
用檔案中類似的部份，但每個因素的重要性卻各有不同的
權重。

● **時機**：計算信用分數的時機也很重要。信用評分的提供單
位並不是都在完全相同的時間計算或更新所有分數，由於
根據的資料不同，這可能會導致你拿到不同的信用評分。

無論你信用評分的來源或類型如何，評分都是有價值的，
因為評分可以為你提供信用強度的方向性訊息。

免費信用評分的專業建議

你可從許多不同的管道，來獲取免費的信用評分，但如上所述，
各家的信用評分可能會有所不同。免費的信用評分可提供參考，
但請注意下列事項：

1. **評分類型**：計算分數的評分模型。大部分的評分都是根據
   FICO 和 VantageScore 的評分模型而定。

2. **信用報告機構所採用的資料**：評分基於 Equifax、Experian 和
   TransUnion 所提供的不同資料。

3. **更新頻率**：評分的更新可能是每週、每月或其他頻率。下列
是幾個你可以取得個人信用評分的地方，使用的評分模型是
最常見的類型：

FICO 型評分：

● **Discover**：註冊即可取得個人信用評分，無須成為 Discover
客戶（信評基於你的 TransUnion 信用報告），請上 Discover
網站（discover.com/free-credit-score）。個人評分每 30 日
更新一次。

● **信用卡**：許多信用卡公司，例如：美國運通、美國銀行、
Chase 大通銀行等，會提供客戶免費的 FICO 信用評分。

VantageScore 型評分：

● **信用網站**：以信用為主的網站，例如 Credit Karma 和 Credit
Sesame，可提供免費的信用評分。Credit Karma 的信用評分
來自 Equifax 和 TransUnion 兩間機構，Credit Sesame 則是
提供 TransUnion 的信用評分。這兩個網站所採用的計算都是
根據 VantageScore 模型。

FICO 評分模型如何運作

FICO 是最廣為使用的信用評分模型之一。儘管 FICO 並未透露作為信用評分的確切方法理論，但該公司仍然有提供關於如何權衡不同因素的指南。

表 4.4 列出 FICO 決定你信用評分所根據的因素，以及每個因素的重要性。我們將從各種尺度加以解說，以便你能對各因素的意義具有進一步的認識，以及如何應用來改善個人信用檔案。

▬ 還款歷史（權重：35%）

決定信用評分最重要的因素是你的還款歷史。持續按時償還你的貸款和信用卡應付款，有助改善你的信用評分，但如果做不到，可能會導致你的信用評分下降。

你的信用評分愈低，放款人就愈不可能借錢給你，因為收不回全部借貸金額的可能性也較高。即使放款人願意借錢給你，卻可能會收取較高的利率。

這是完全合理的。想像你有兩個朋友，布拉德（Brad）和喬丹（Jordan），這兩個人經常藉由各種理由向你借錢。布拉德總是會記住他向你借了多少金額，並快速還清款項。相對來說，喬丹卻

經常忘記他向你借過錢，造成你的壓力，不知是否應該提醒他還錢，也不知何時開口比較好，還是要被動出擊，利用 Venmo 行動支付發送還款通知。日後你比較可能會願意借錢給哪個朋友？

表 4.4：FICO 評分的方法理論 [3]

因素	重要性
還款歷史 **解讀**：你是否一直按時還款？ **建議**：設定帳單自動付款，確保按時付款。	35%
信用額度 **解讀**：你使用了多少信用額度？ **建議**：使用不到 30% 的信用額度，即可在此因素獲得良好的評分。	30%
信用歷史長度 **解讀**：你使用信用有多久？ **建議**：保留最早申請的信用卡，有較長的信用歷史以資證明。	15%
新信用 **解讀**：你是否新申請了很多信用卡？ **建議**：申請新信用卡時請審慎考慮，因為這可能對你的信用不利。	10%
信用帳戶類型 **解讀**：你是否使用各種不同類型的信用？ **建議**：雖然使用各種信用，有利於信用分數，但由於取決於個人需求，通常難以控制。	10%

信用額度（權重：30%）

　　在介紹什麼是信用額度前，讓我們先釐清信用的主要類型，包括分期付款和循環信貸。分期付款的貸款（例如房屋抵押貸款或學生貸款）使你可以借入固定的金額，後續的償還貸

款是根據設定的時間表和對方要求的每月還款額度。例如，如果你取得三十年期固定利率的房屋抵押貸款，以 4% 利率借入 40 萬美元，則你需要在三十年內每月還款 1,910 美元。另一方面，循環信貸可讓你自由借貸至規定的信貸限額，一般要求還款都有每月最低額度。信用卡和房屋資產淨值信用貸款，都屬於循環信貸的例子。

有了這些認識，對於決定你信用分數的第二大因素——信用額度，這只是一個奇妙的術語，用來描述你在循環信貸中使用的借款總限額比例。一般來說，你所使用的信用額度愈低，信用分數就愈高。例如，假設你有三張信用卡，信用額度加總為 3 萬美元。如果你在這些卡上一直維持有 15,000 美元的未償餘額，則信用額度是 50%，算是非常高的。整體而言，放款人喜歡看見的帳戶信用額度的使用率低於 30%。

▬ 信用歷史長度（權重：15%）

決定信用評分的第三大因素是信用歷史的長度，即帳戶的平均年齡。與信用歷史較短的借款人相比，放款人較願意選擇信用歷史較長的借款人。這就是為什麼人們經常尋求建議，是否應該取消不再使用的信用卡或高年費信用卡。儘管答案明顯是肯定的，但取消信用卡可能會對你的信用評分產生負面影響。

你是否應該取消不需要的信用卡？

當人們問我，是否應該取消不再想要的信用卡時，我告訴他們，這取決於 1) 未來的借貸計畫，2) 信用卡的信用額度，以及 3) 開卡的時間。

未來的借貸計畫？

你是否打算在接下來的一兩年內進行大筆金額購買，需要貸款，無論是房屋抵押貸款、汽車貸款還是學生貸款？如果是，可以保留這張高信用的信用卡，如果是一張有年費的卡，則可轉為免年費卡，以避免信用評分下降。但如果明年內你都不打算申請貸款，則取消信用卡就有意義，然而在採取任何行動之前，請務必考慮下列其他因素。

額度多少？

需要考慮相關卡片的信用額度。當你取消信用卡，便是在減少你可使用的信貸，造成信用額度使用的增加。如果你想要取消的卡片信用額度較低，並不會對你的整體信用額度產生重大影響，但若取消具有較高信用額度的卡片，可能會顯著提高你的信用額度使用率，並降低你的信用評分。

新卡或舊卡？

如果你要取消的是最新開的卡，那它可能不會對你的信用記錄有很大貢獻，但如果是使用最久的信用卡，那麼取消就可能會對你的信用評分產生負面影響。然而，根據你信用檔案的其餘部分，影響可能並不顯著。

你是否還在為要不要取消信用卡而煩惱？不必煩惱。信用評分不是固定的，原本就會周期性上下波動，這是不可避免的。即使你短期內有些小行為會造成信用評分略為降低，但通常不會對你的財務產生長期影響。如果你一直按時還款，並維持較低的信用額度使用率，便可以逐漸提高信用評分。

▬ 新信用和信用帳戶類型（權重：各占 10%）

最後兩個因素，即新信用和信用帳戶類型，各佔10% 權重。

新信用是指你是否在短時間內開啟了許多新信用額度。FICO 發現，擁有大量新信貸，放款人會覺得你的風險較大[④]。所以下次當你想要占便宜，去取得利潤豐厚的信用卡登錄金時，請注意，這樣做可能會影響你的信用評分。

信用帳戶類型會檢查你是否同時使用分期付款和循環信

用，還是僅使用一種信用。雖然在放款人看來，使用兩種信用類型更好，但因為取決於你的個人需求，因此通常會是難以控制的因素。

● 檢查你的信用報告

定期檢查你的信用報告很重要，確保資料正確，確認你的名下沒有開設未經授權的帳戶。幸運的是，你每年都有權可以從三間信用報告機構中各索取一份免費的信用報告。雖然你可以同時索取三份信用報告，但我建議你每隔四個月請一次，一次只請一份。這種方法讓你一整年都可以追蹤信用報告，而不是每年只追蹤一次。

信用報告檢查的專業建議

在你所使用的行事曆 app 中，建立一個週期性的日曆活動，設定每四個月檢查一次信用報告，這樣可以提高索取信用報告的可能性，一定要騰出時間查看報告，並保證每次都要用一點腦力。下面舉例說明如何建立一個週期性的日曆活動：

活動標題：索取免費信用報告

網址：www.annualcreditreport.com

說明：1 月 1 日：Equifax，5 月 1 日：Experian，9 月 1 日：TransUnion

總結你目前的所在位置

　　恭喜你完成了財務報告卡的製作！現在，你已經結束了這個練習，與絕大多數人相比，你對個人的財務狀況已有非常好的認識。

表 4.5：財務報告卡

淨值（資產─負債）	
總資產	
總負債	
燒錢率（年度生活支出）	
年度儲蓄（淨收入─支出）	
每月儲蓄（每年儲蓄 ÷12）	
足夠負擔付每月燒錢率的最低薪資（使用「線上薪水試算器」Online Paycheck Calculator 估算）	
財務跑道維持月份（淨值 ÷ 每月燒錢率）	
信用報告和評分	
信用評分和類型（FICO、VantageScore）	
設定索取免費信用報告的時間表（信用報告機構，索取報告時間月／日）	

　　我推薦你用表 4.5（可以到 www.workyourmoneybook.

com/worksheets 下載）將你的關鍵發現做一個總整理。也請你
要確定就近保存你的財務報告卡，因為在本書後面的部份，你
都會需要定期參考這些數字。

第 5 章

如何延長財務跑道

　　許多人認為投資是個人理財中，最有趣的部分。這不怪他們，畢竟，五花八門的媒體宣傳廣告，鉅細靡遺地報導股市的每一個小震盪，所謂的投資專家在有線電視頻道上聲嘶力竭、口沫橫飛地講解股票，因此我們不難想見，投資不僅是個人理財中最有趣的部分，也是最重要的部分。

　　但是，正如我們在第一章中所見，多注意儲蓄，控制你的開銷，對你生活的許多層面都會有重大的影響。無論你是否相信，與投資相比，儲蓄實際上對你的財務狀況很早就已有重大的影響。

　　為了更清楚說明這點，假設你的年度生活支出為 10 萬美

元。你可以用表 5.1 來檢查，自己是否每年能夠儲蓄 1 萬美元，這等於是幫自己買一條一個多月的財務跑道。假設你投資組合的平均報酬率為 5%，那麼在你累積一個至少 20 萬美元的投資組合之前，都無法產生每年 1 萬美元的報酬——存下來的錢，每分每毫都很重要。

表 5.1：增加的財務跑道月數（生活費 10 萬美元）

每年儲蓄	每年產生儲蓄金額所需的投資組合（5% 報酬率）	延長的財務跑道月數
500 美元	10,000 美元	0.06
5,000 美元	100,000 美元	0.60
10,000 美元	**200,000 美元**	**1.20**
20,000 美元	400,000 美元	2.40
30,000 美元	600,000 美元	3.60
40,000 美元	800,000 美元	4.80
50,000 美元	1,000,000 美元	6.00

這並不是說投資不重要。投資是一項關鍵策略，可幫助你實現目標，過著自己想要的生活。這就是為什麼後面我們將花兩章篇幅，一一介紹必備的關鍵投資概念。

但是，現在先讓我們把焦點放在可用於增加儲蓄，延長財務跑道的策略，這可使你從事的工作類型放寬，並釋出更多資金進行投資。

你喜歡花錢在什麼事物上？

在我們繼續深入探討，研究刪減哪些支出以延長財務跑道前，請想一想自己在生活中喜歡花錢的領域，以及怎樣的消費行為可為你帶來最大價值。《我教你變成有錢人》（*I Will Teach You To Be Rich*）作者拉米特‧塞提（Ramit Sethi）將這種個人偏好稱為「金錢轉盤」（Money Dials）。「花點時間找出你的金錢轉盤，會帶來很大的力量——如此一來，你才能把大錢花在對你真正重要的事物上，也可毅然決然，刪減不必要事物的花費。」除了幫助你能夠更加審慎評估個人開銷，找出那些帶來價值的消費行為，還可幫助你開始思考，你想要為自己設定什麼樣子的財務目標，以及最後想要過什麼樣子富裕生活。

我鼓勵你馬上花一點時間，思考你喜歡在哪些領域花錢。塞提發現最常見的三種金錢轉盤是食物、旅行和健康保健。就個人而言，方便性是我最需要的金錢轉盤——我寧願花錢在改善日常生活品質的產品和服務上，例如購買高價無線耳機，額外花一些錢購買能送貨到家門口的商品，而不是拎著大包小包的東西搭捷運，就算再不情願，也要付錢僱用家事服務人員，因為我不想把週日下午都花在洗衣服上。

你的財務跑道行動計畫

既然你對自己喜歡花錢的領域有了一些認識，那麼讓我們來進一步仔細研究一些方法，可減少購買自己沒那麼喜歡的東西。表 5.2 統整我們下面要介紹的策略，以延長你的財務跑道。

表 5.2：降低開銷的策略

	低度衝擊	中度衝擊	高度衝擊
低度努力	▪ 刪減不必要的銀行和信用卡費用	▪ 取消不必要的訂閱 ▪ 協調降低有線電視、網路和電話費	
中度努力		▪ 節省購物費用 ▪ 將信用卡獎勵回饋最大化 ▪ 降低飲食花費	
高度努力			▪ 削減住房支出 ▪ 將稅金降至最低 ▪ 減少信用卡債和學生貸款

根據你需要付出的努力，以及對燒錢率所造成的潛在衝擊，建議事項會有所不同。最容易實施的策略可能產生的衝擊最小，例如降低 ATM 提款轉帳費，這種事你可立即採取行動。（畢竟沒有人會喜歡支付 ATM 提款費吧！）

　　另一方面，可能會產生最大衝擊的領域（例如削減住房支出）則需要你考慮清楚自己的偏好，研究替代方案，這可能需要幾個月的時間。現在，你可能只需要記住這些耗時較長的策略，做一些重點標記，然後繼續閱讀這本書。等到你花時間仔細想清楚所有目標及優先事項以後，隨時都可以回來看這一章，到時你就能清楚決定應該運用哪一種策略，來制定一份可行的理財規劃。

從最低的水果摘起

[　　　　　　　努力程度：低度　　　　　　　]

　　讓我們從最簡單的事開始——這包括刪減你可能根本沒有注意到的銀行或信用卡小額費用，取消目前不再使用的服務和訂閱，以及協調現有的有線電視、網路和電話方案。雖然刪減這些費用的金額影響僅為低至中度，但你可以很快採取行動。

● 刪減銀行和信用卡費用

衝擊：低度

　　銀行和信用卡收取的許多費用是完全可以避免的。關於如何減少或取消這些費用的策略，表 5.3 列出我推薦的重點。

表 5.3：如何刪減銀行和信用卡費用

費用類型	這是什麼	如何避免此費用
1. ATM 提款費	從不在自己銀行網路內的 ATM 提款時，銀行可能會向你收取 ATM 跨行手續費。在美國，通常你的銀行會向你收取一次費用，而所使用的 ATM 若屬於其他銀行，還會再收取另一次費用。	換一家 ATM 機器對你來說位置較便利的銀行，或換到不收取任何 ATM 提款費的支票帳戶，例如嘉信銀行高收益支票帳戶（Schwab High Yielding Checking Account）。
2. 海外換匯手續費	你的銀行可能會向你收取在國外使用信用卡或簽帳金融卡的海外換匯手續費，通常為 1% 至 3%。在國外 ATM 提款時，使用簽帳金融卡可能需要支付 ATM 提款費和海外換匯手續費。以每次提款 100 美元為例，扣除所有費用後，你最後只能拿到 90 美元！	出國旅行時，可使用不收取海外換匯手續費的信用卡和簽帳金融卡。到網路上快速搜尋一下，就能幫助你找到適合的卡。
3. 每月維護費	如果你的支票或儲蓄帳戶中沒有維持一定金額的資金，有些銀行帳戶會收取每月維護費。	只保留維持帳戶所需的最低金額，這樣就不會產生費用。或換到較低等級的帳戶、或者換到對特定帳戶完全沒有最低餘額要求的銀行。
4. 滯納金	你可能會因延遲支付信用卡帳單而產生銀行費用。	將你的信用卡付款設置為自動付款，但請每個月檢查確認月對帳單，避免餘額不足，造成扣款交易失敗。

● 取消不必要的訂閱

衝擊：中度

現在，許多公司在為其產品或服務收費時，都使用持續訂閱制，例如 Netflix、Spotify 和 Dropbox，僅舉幾例。雖然這些

訂閱每月僅需分別花費 10 到 15 美元，但總費用確實不可小覷。
事實上，藉由辨認並提醒客戶取消未使用的訂閱，我已幫助一
些人每月節省數百美元。我建議你至少每年檢查一次現有的訂
閱，自問下列問題：

- 我仍在使用這項服務嗎？
- 我還有其他服務可滿足相同目的嗎？
- 我家裡有多人使用這項服務嗎？如果是，我可利用家庭計
  畫，將訂閱整合，以便使我們大家都省錢嗎？

● 協調有線電視、網路和電話費

衝擊：中度

　　許多人藉由致電供應商，要求降低費率，而成功降低了有
線電視、網路和電話服務月費。有些人則打電話給供應商，說
自己在考慮取消服務，轉換新的供應商。如果供應商不願降低
你的月租費，你可以嘗試要求免費提供某種類型的服務升級，
例如轉換到優質頻道、更快的網路速度或更大的手機數據方案。
儘管這些額外功能不會延長你的財務跑道，但仍可改善你的生
活品質（因為能夠觀看 HBO 影集《美麗心計》固然很酷，但
是能夠免費觀看更酷）。

　　我建議你花 10 到 20 分鐘時間檢查帳戶對帳單，了解所產

生的任何銀行和信用卡費用，以及你正在支付的任何未使用訂
閱費用。運用我們前面討論過的策略，制定計畫，消除或減少
這些費用。然後，再花 20 到 30 分鐘的時間打電話給你的有線
電視、網路和電話供應商，爭取較低的月費或你認為值得的額
外福利。你將因減少這些費用而節省許多錢，感到驚訝。

需要付出多一些努力

[　　　　　　　努力程度：中度　　　　　　　]

本節中所討論的策略（例如節省購物、旅行和食物成本），
可能會花費一些精力，但應不致於引發特別爭議。

● 節省購物費用

衝擊：中度

表 5.4 重點指出兩種省錢的購物方法，包括：1) 註冊加入
免費的會員制度，以及 2) 利用現金回饋進行線上購物。

表 5.4：省錢的購物策略

策略	加入免費會員制度	現金回饋購物
1. 好處	註冊後，你可以無縫銜接，在符合條件的商店中省錢。	在購物過程中增加一個小步驟，藉此，你在網路上購買的所有商品幾乎都能省錢。
2. 運作原理	1. 註冊加入會員制度，登記並同步你的信用卡、簽帳金融卡。 2. 每當你在參與活動的商店消費時，都將獲得現金回饋。	1. 註冊一個現金回饋帳戶。 2. 每次線上購物時，請先登入你的現金回饋帳戶，不要直接連結到線上商店。 3. 搜尋你要在其中購物的商店，然後藉由門戶鏈接單擊進入線上商店。 4. 進行購買為你通常會和你每筆交易可獲得 1% 到 30% 的現金回饋。
3. 提供服務範例	Drop	Rakuten, Mr. Rebates

● 將信用卡獎勵回饋最大化

衝擊：中度

信用卡點數是獲得現金回饋、節省日常消費或儲蓄下一場度假的另一種簡單方法。如今，大多數信用卡都為持卡人提供了某種用卡獎勵。但是，並非所有信用卡獎勵計畫的設定都是相同的——有些信用卡無論你購買什麼，都提供相同的現金回饋或信用卡獎勵比例，有些信用卡獎勵計畫則針對某些支出類別（例如飲食和旅遊）提供更多的獎勵。

為了確定最適合你的信用卡，請撥出 30 分鐘的時間，回

想過去一年的支出模式。如果你的支出集中在幾個類別，請找出一張信用卡，可使你在這些類別中每花 1 美元賺取更多點數。如果你的支出平均分布於各個類別中，那麼尋找一種可為所有類別支出提供固定獎勵回饋的信用卡，而不僅是為某些類別提供較多獎勵回饋，這麼做是有意義的。

● 減少飲食成本

衝擊：中度

儘管每個人都需要在飲食上花費一定的金額，但你可能在這個類別中指數破表，特別是如果你很依賴餐飲外送服務或經常上館子用餐。即使人們為了省錢和吃得更健康而到超市購買食物，最終也可能會超支（例如，上班日突然出現非預期性的社交活動，導致你上週日購買的食物腐壞）。

花點時間檢查一下你在飲食方面的整體開銷，以及外食和超市購物之間的差距情況。確定在家吃飯與外帶外送的平均費用，然後釐清是否有降低這些費用的辦法。對於超市支出，請回想上個月的行為，包括：

- 我多久做一次飯？
- 是否有某些阻礙造成我無法做飯？

● 在我開始做飯之前,購買的食物是否很多都變質了?
● 我可運用哪些策略來減少浪費?

我和妻子是如何減少飲食成本的?

幾年前,我和妻子意識到我們應該更仔細考慮飲食成本。當時,我們經常在各種價位等級的餐廳吃飯或外帶外送——從路邊的墨西哥速食店 Chipotle 到三家米其林星級餐廳不等。但是,我們倆都開始注意到中價位餐廳的通病:價格比速食店貴,但還不到高檔餐廳的花費;食物不怎麼樣,可是一頓飯仍然會讓我們花費一大筆錢——事實上,如果我們喝過幾輪酒,兩個人的帳單就很容易超過 100 美元。

我們想到的解決方案,是以家常菜來取代這些中價位的餐廳消費。這麼一來,我們花的錢比去普通的餐廳少,但食物的味道卻好得多(我敢這麼說表示話不假)。最棒的是,因為我們省下了錢,下次再到高檔餐廳揮霍時,心裡不會覺得難過。

困難的工作

[　　　　努力程度:高度　　　　]

　　刪減一些小花費可能是最簡單的,但審查並減少一些大型

的花費，像是住房、稅金、信用卡和學生貸款債務，能夠對你的財務跑道卻能產生很大的效果。舉個例子，你決定停止每天花 5 美元獎賞自己一杯拿鐵咖啡的行為，這麼做每年只能夠省下 1,825 美元，但是後果不堪設想！如果沒有每天補充足夠的咖啡因，你可能會變得易怒，工作效率降低，在骯髒的地鐵車廂或辦公室打瞌睡，最後淪落到只能棲身在河邊的貨車裡。反之，如果你能夠將每月房租從 2,500 美元降低到 2,200 美元，則每年可以節省 3,600 美元——幾乎是戒喝拿鐵咖啡策略的兩倍，而且痛苦程度也減低很多。

● 削減住房支出

衝擊：高度

根據美國勞工統計局的數據 ①，住房是迄今為止大多數人預算中最大的支出，占美國人平均總支出的 33%。至於你「應該」做的事是什麼，理財顧問建議將住房支出限制為年度總收入的最多 28%（意指：28% 是上限，而不是目標）。如果你年薪為 100,000 美元，則在住房上的支出目標是每月不超過 2,333 美元，或每年 28,000 美元。當然，花費在住房支出的錢愈少，你能夠為其他財務目標提供愈多資金，包括建設你的財務跑道。

如果你目前遠遠超過了 28% 的門檻，也別擔心。你可以藉由下列幾種方法來減少住房支出，延長財務跑道：

- **協商租金（對房客而言）**：如果你是一個好房客（即，按時持續支付租金，遵守住房規範，不損壞房產），房東可能會願意降低租金。如果你的房東不願意降低租金，則可要求其他增值設施，例如免費使用健身中心，免費停車或至少在使用時有些折扣。

- **重新設定房貸（對房東而言）**：如果你擁有房地產，請研究對房屋抵押貸款重新進行貸款，是否會減少你的每月付款。請務必考慮相關的過戶結算費以及你會在這間房子住多久時間，以確定每月節省的費用是否足以抵消預付金。

- **使空間和設施與你重視的價值保持一致**：確定所需空間大小和設施種類，並將你的生活情況配合個人偏好。例如，如果你住在一棟嶄新的高層建築物中，卻並不重視裡面許多公共設施，或是你住在一棟附有主廚型廚房的大房子卻不開伙，不妨搬到一個較能符合你需求的房子，以節省開支。你不僅可減少每月的房貸，還可以降低其他住房支出，像是水電費、清潔費和家具費。

- **評估你的居住地區**：如果房屋的所在位置被公認為「較理想」，單位價格通常也會比較高。如果你居住在一些用不到的公共設施附近（例如排名優先學校、熱鬧的夜生活區或公共交通發達），為此而付出昂貴的房價，不妨考慮搬到同一城市中較不昂貴的地區。

- **找室友**：找室友分攤可幫助你住在更舒適的地區或建築物，

同時可使你負擔的生活費比獨自居住要少。

住家對你每天的幸福快樂和舒適程度，以及每個月可以節省的金額，都具有極大的影響。在評估住房狀況時，請確保你了解自己的偏好和優先事項，在決定某個改變是否對你有意義時，請將所有因素一併考慮在內。

● 將稅金降至最低

衝擊：高度

沒有人喜歡繳稅，大多數人都想要儘量減少必須繳納的稅額（合法節稅）。幸運的是，有一些令人驚訝的簡單方法可以減少稅單，幫助你節省大量資金。

藉由員工福利降低稅金

充分利用員工福利的好處，你就可以節省大量稅金。無論你是要為退休金、醫療保健或通勤帳戶注入資金，一般的機制都是共通的。

- 你決定將部分薪資存入一個帳戶，以支付你的退休金、醫療保健費、通勤費等。
- 這些存款可減少你的所得所得額，降低年度需要繳納的聯邦稅。若應稅金入金額較低，通常欠稅也較少。

例如，假設你一年賺 100,000 美元。你決定在個人醫療儲蓄帳戶中存入 2,000 美元。原本應稅金入是 100,000 美元，結果只有 98,000 美元需繳稅。

表 5.5 概述一些可以用來節省年度稅金的員工福利。

表 5.5：員工福利節稅策略

員工福利	儲蓄目的	稅金優惠	注意事項
401(k)計畫	退休	稅前存款，結果可降低你當年的應稅金額。	將稅前提撥從你的 401(k) 中提款，將被視為收入而徵稅。
彈性消費帳戶	醫療保健	存款可降低你當年的應稅金額。	這些通常是屬於「用進廢退」帳戶，因此大多數存款必須在存入的同一年使用。一些公司可能會給員工額外的 2.5 個月寬限期以花掉這些存款，或允許你結轉尚未花掉的錢，但不超過 500 美元。
醫療儲蓄帳戶	醫療保健	存款可降低你當年的應稅金額。	你必須具有高自負額的醫療險計劃，才能開一個醫療儲蓄帳戶。
通勤者福利	交通運輸	稅前存款可降低你當年的應稅金額。	僅限於交通和停車的稅前存款，可能低於你的每月交通花費。

● 其他節稅策略

除了公司員工福利，表 5.6 重點指出一些可以幫助你節稅的策略，包括利用 529 大學儲蓄計畫，進行慈善捐款，扣除房屋所有權抵押貸款利息和房產稅，來節省稅款。請記住，其中

一些策略要求你在聯邦稅金申報表上逐項列舉扣除額，以便能夠獲得節稅受益。

表 5.6：其他節稅策略

策略	儲蓄目的	稅金優惠	注意事項
529 計畫	教育	一些州為你所在州的 529 計畫供款，提供州稅金優惠，而另一些州為任何 529 計畫供款提供優惠。	美國並非所有州都提供州稅優惠，通常存款必須用於合格的教育支出費用，否則提款時可能要徵收聯邦稅、州稅和地方稅，以及罰金。
房屋抵押貸款利息	住房	房貸利息會增加你在納稅年度的列舉扣除額，如果採用列舉扣除額，可能會減少你的應納稅額。	本金 750,000 美元以內的房貸利息可全額抵扣。列舉扣除額必須逐項列出。
房產稅	住房	房產稅會增加你在納稅年度中的列舉扣除額，將這些房產稅列出則可能減少你的應納稅額。	你每年最多只能扣除 10,000 的不動產稅、州稅和地方稅。列舉扣除額必須逐項列出。

列舉扣除額實際上的意義是什麼呢？當你每年提交聯邦納稅申報表時，都可以從收入中減去標準扣除額或列舉扣除額，最後得到應稅所得。一般你會在標準扣除額和列舉扣除額兩者之間選擇較高的金額，使稅金降至最低限度。標準扣除額是一個固定金額，取決於你的報稅身分、年齡、視力狀態，以及是否有人將你列為受撫養人。列舉扣除額是根據你一整年中出現

的符合條件支出費用，例如房屋抵押貸款利息，最高 10,000 美
元的州稅、地方稅和房產稅，以及慈善捐款扣除額。以 2019
年來說，單身申報人的標準扣除額為 12,200 美元 [2]。如果你是
單身申報人，符合條件的支出費用列舉金額少於 12,200 美元，
則你要採用的是標準扣除額。

◉ 減少信用卡和學生貸款

衝擊：高度

減少債務支出會需要一些時間，但很有可能顯著降低你的
燒錢率，尤其是如果你能夠消除高成本的信用卡債。

減少債務的第一步是列出所有債務。利用表 5.7 為範本（亦
可於作者網站取得，請見 www .workyourmoneybook.com）或
自行製作一張未償債務清單，包括：

- 放款人
- 債務類型
- 未償貸款
- 利率

你在第 4 章中彙整淨值和燒錢率時已取得一些資料，因此在
進行下列表格製作前，請務必回頭去參考，避免不必要的重複。

　　對於學生貸款，請在債務類型中具體指出它是屬於聯邦貸款，還是私人學生貸款。你可以查詢學生貸款提供者的最新聲明。若為聯邦學生貸款，可到國家學生貸款數據系統（National Student Loan Data System, nslds.ed.gov）核對你的未償貸款，進而找出答案。

表 5.7：債務清單

放款人	債務類型	未償貸款	利率

◉ 減少債務成本的選擇確認

　　有下列三種主要方式可以降低債務成本，或簡化信用卡和學生貸款的還款：

1. **要求降低利率（僅限信用卡）**──降低現有債務的利率。
2. **整合（僅限聯邦學生貸款）**──將多筆聯邦學生貸款整合為一筆貸款。不會降低債務的加權平均利率。
3. **轉貸（信用卡和學生貸款）**──可用於將多筆貸款整合為一筆貸款，可能會降低債務利率，為你提供更好的新貸款條件。

━ 要求降低利率（僅限信用卡）

雖然學生貸款提供者通常不會進行利率協商，但你的信用卡發卡銀行可能會願意嘗試開啟協商大門。

在致電要求降低利率之前，請務必準備好一些相關訊息，包括你目前的利率、同級信用卡的利率，以及你的信用歷史記錄和信用評分（你應該已在第 4 章取得這些資料）。

通話時，如果一開始接電話的客戶服務代表無權做出此決定，請要求與對方主管談話。無論你與誰談話，在討論過程中都要保持冷靜、鎮定、有耐心──畢竟，最大（也是唯一）的負面風險是，最後所得到的利率與目前相同。即便如此，根據 CreditCards.com 研究發現，有四分之三持卡人要求較低的利率成功！[③]（這能成為你的動力嗎？）

━ 整合（僅限聯邦學生貸款）

債務整合為你提供機會，可將未償還的聯邦學生貸款整合為一筆貸款（私人學生貸款不符合聯邦直接貸款計畫的整合條件）。整合是一種可幫助你更容易追蹤及支付貸款的好方法，但並不會降低你的利率。新的整合貸款利率將只會是未償還聯邦學生貸款利率的加權平均值。

　　然而，整合能夠減少你的每月還款，因為整合幾個小的貸款餘額，可能讓你能夠符合資格，將新的貸款時間長度從標準的十年還款期限，延長至三十年還款期限 ④。請注意，雖然在這種情況下你每月還款額可能會減少，但由於償還貸款需要更長的時間，因此在貸款期限內，支付的利息總額將會增加（除非你決定提前還款）。

━ 轉貸（信用卡和學生貸款）

　　轉貸是關於（希望）能用條件更好的新貸款或信用卡條款，取代現有的貸款或信用卡餘額。信用卡債的主要轉放款人法，是藉由餘額代償或個人貸款。對於學生貸款，你可以藉由新的私人學生貸款，為聯邦和私人學生貸款轉貸。

　　信用卡：

● **餘額轉移**：將你現有的信用卡餘額轉移到一張新卡，這張新卡可在六到十八個月內提供 0% 先期利率，可暫時減輕你的應計利息。你的目標在於制定一個計畫，要在 0% 先期利率期限結束前，完全還清新的信用卡餘額。在決定是否開立餘額轉移卡時，請務必評估所提供的先期利率（希望為 0%）、適用先期利率的時間、餘額轉帳費用以及可轉入新卡的金額為多少。如果節省的利息超過所有費用，並且先期 0% 利率期限能夠提供你足夠的時間，

全額償還信用卡債，那麼餘額轉移卡可能會是一個有吸
引力的動作。

● **個人貸款**：藉由個人貸款進行轉貸，是減少信用卡債的另
一種策略。個人貸款通常會附帶相關的預付金，因此你需
要考慮所需支付的全部費用，以便了解現有信用卡債進行
轉貸，是否會帶來財務上的好處。

學生貸款：

● **私人學生貸款轉貸**：藉由私人學生貸款放款人的轉貸，
你可以將所有不同的學生貸款（聯邦和私人）整合為一
筆貸款。聯邦整合貸款的利率只是現有貸款的加權平均
利率，而新的學生貸款的轉貸利率會取決於你的特定財
務狀況，包括你的信用評分、流動資產和負債狀況，以
及債務所得比率或自由現金流（通常是你的淨收入減去
所有債務和住房付款）。如果你的財務狀況良好，則可
藉由轉貸獲得較低的利率。此外，大多數放款人不收取
學生貸款的轉貸費用。

如何處理你的學生貸款？這樣想就對了！

想要釐清你該選擇哪一種方法，令人頭昏眼花，特別是你的學生

貸款。學貸平台 CommonBond 策略副總維娜・拉馬斯瓦米（Veena Ramaswamy）提出建議，首先要確認你是否符合「公共貸款服務豁免計畫」（Public Loan Service Forgiveness program）資格。「若資格不符，接下來看看轉貸是否能夠幫助你達成目標，藉由減少每月還款還是更快還清貸款，是否可節省成本，如果無法進行轉貸，請考慮債務整合，以簡化你的情況，或有助於改善現金流。」

你的全新、改善後的財務跑道

既然現在你得到機會，能夠消除或減少一些目前的支出，表示你已準備好要開啟一條改善的新財務跑道！請先回到本章前面的作業，估計你每月可以刪減多少支出。接下來，在表 5.8 中輸入改良更新後的每月燒錢率（表格亦可於作者網站取得，請見 www .workyourmoneybook.com）。然後，你應該能夠重新計算財務跑道和所需的最低薪資。更新完畢的最低薪資是一個重要門檻，務必記住這個數字，因為我們將要在專業和財務兩個方面更深入探討哪些可能是適合的工作。

最後，如果你能夠採用上面一些節省債務成本的策略，將能有助於更新原始貸款清單中任何利率、餘額和每月還款的變

化。對於餘額轉移，務必確認要在貸款清單和線上行事曆 app 中，註明 0% 利率期限終止日。

表 5.8：更新後你的財務跑道

(1) 淨值（來自第 4 章）	
(2) 每月燒錢率 （根據本章前面的作業進行更新）	
(3) 財務跑道的月數 （淨值 ÷ 每月燒錢率）	
(4) 足夠支付每月燒錢率的最低薪資 （運用「線上薪水試算器」估算）	

PART 3

工作最佳化

「所以，今天我坐在辦公室的小隔間裡，意識到自從我開始工作以來，每一天都過得比前一天更糟。這也就是說，你看到我的每一天，都是我此生中最糟糕的一天。」

——彼得·吉本斯（Peter Gibbons），電影《上班一條蟲》

現在你對自己的專業和財務狀況已有清楚的認識，一切都準備就緒，就能開始探討提升工作滿意度的策略。

正確選擇職業，關鍵在於自知之明。因此，PART 3 開宗明義就是要幫助你描繪個人的理想職務。接著，基於前幾章的作業基礎，你將確認目前的職務和目標職務的差異。然後，根據差異的程度還有你的財務需求，可決定哪種策略最能夠有效幫助你在事業中找到更大的成就感。

其餘的章節，將依序介紹三種改善工作狀況的方法，包括目前工作職務的調整、填補和取代。你將會釐清個人職涯的優先事項，職務調整可讓你目前的職務更能符合要求。填補讓你可以測試身兼數職的感覺，同時也有助於填補目前工作與理想工作之間的空白。當然，總體來說，換工作是最激烈的方式（在某些情況下，財務風險也最高），因此，我們將以兩章來說明這個策略。

讀完 PART 3，你應該對自己想要的職業道路已有清晰的概念，以及一個實現目標的行動計畫。請務必到 www.workyourmoneybook.com 取得實用的表格範例，你可以運用在 PART 3 的各項練習。

第 6 章

一份「好」工作對你來說
是什麼樣子？

「新創公司或創投如何？」朋友建議。

「我不知道——那些公司不是超難進嗎？尤其是創投。而且新
創公司風險不是也很大嗎？」我回答。

我曾請朋友幫忙一起集思廣益，讓我可以轉到其他行業，
但結果似乎無疾而終。我知道當時的工作並不適合我，但似乎
我們只是根據一份職業聽起來是否「酷」或「吸引人」來猜測
那條路好不好。我希望能夠有條理地思考這個決定，最好是有
具體數據參考，而不是依靠直覺或別人評價的「好」工作，而
這正是我最初進入投資銀行的原因。

雖然找到適合的工作聽起來很簡單，但事實並不是——實
際上這是一個複雜的問題，需要考慮並平衡許多不同的因素。
我發覺，將過程分解為小任務，會更容易管理。第一步，我決
定分析自己認為的好工作是什麼樣子，於是開始思考我曾就任

過的兩個全職工作，以及我的暑期實習、高中打工、大型專題
研究和課外活動。這便是我開始收集真實數據資料的方式。

在本章其餘的部份，我將引導你完成幾個練習，這些練習
將幫助你更加清楚自己的興趣、優勢、偏好和優先事項。這些
練習將特別著重於幫助你了解自己喜歡什麼，不喜歡什麼，擅
長什麼，以及你希望生活朝什麼方向發展。在讀完本章後，你
應該更能對準想要的潛在行業和工作。

第 1 部分：興趣與優勢

第 1 部分的練習，將幫助你回想從前的經驗，思考工作以
外的興趣，尋求他人的回饋以及進行人格評估，以確定自己的
興趣和優勢。

● 練習 1：你喜歡什麼
（30 － 60 分鐘）

藉由一個練習來確定個人喜好，這聽起來或許奇怪。正常
來說，你應該知道自己喜歡什麼。以食物為例，我知道我喜歡
披薩、漢堡、北京烤鴨、肥鵝肝（該死，為什麼我不是那種喜
歡蔬菜或健康食物的人？）說到運動訓練，我喜歡長跑、伏地
挺身，但我真的不喜歡引體向上。

一旦與工作扯上邊，原本喜愛的事物就會變了調。我們經
常發現自己努力想要調解許多相互衝突的外在影響，例如我們
的父母。可以理解父母都希望孩子能夠賺取足夠的收入來養活
自己——這影響了父母傳授給我們的思想和價值觀。還有我們
從電視和電影中接收到的訊息，往往美化了不穩定的職業道路。
然後，更別提我們的同行，他們對金錢和職業的信念也可能會
影響我們。難怪一個人很難單憑自己的想法，確知是否真正喜
歡一份工作。這就是為什麼接下來你要進行一些練習來幫助你
消除所有干擾，藉此確認自己打心底真正喜歡什麼。

你可選擇用一張紙，或使用熟悉的電腦工具（例如
Word、Excel），列出你自高中以來做過的所有工作，以及你
從事每項工作的大致時間日期。如果你有一些興趣愛好、專題
研究或其他課外活動，這些活動占用了相當多的時間，也請將
它們列入表格。在每個不同的職務下寫幾句話，說明你對這份
工作或職務喜歡和不喜歡的地方。盡可能試著把好壞各方面說
清楚講明白。

可幫助你迅速展開腦力激盪的因素包括：

● **排班表**：彈性或固定。
● **工作時間**：很少或普通或很多。

- **可預見性**：主動或被動。
- **壓力等級**：低、中或高。
- **管理方式**：微管理或完全自治。
- **管理者**：個人貢獻者或經理人。
- **分工合作**：獨立或團隊工作

以我個人爲例，不同工作的優點和缺點

下面列舉幾個我早期做過的工作做為參考：

公司／活動：巨鷹（Giant Eagle）

職務／職稱：超市裝袋人員

日期：1999 年 6 月—1999 年 8 月

優點：巨鷹是當時一間嶄新的超市，環境清潔，光線明亮，就第一份工作而言，相對是一個相當令人愉快的地方。有許多雇員和我年齡相仿，所以工作時大家經常會聊天，其中有幾個和我成為朋友。上班日能和人談話互動，時間過得比較快，上起班來也比較有樂趣。

缺點：巨鷹付的薪水是最低薪資（當時每小時 5.15 美元），超市經常指派我去停車場回收購物車，在攝氏 30 多度的高溫下，還要穿著長袖襯衫和西裝褲（規定的制服），每次輪一班要站 2

到3小時。雖然有同事陪伴度過時間，本分的工作卻重複又無聊。

公司／活動：省錢購（Shop'n Save）

職務／職稱：收銀人員

日期：2000年3月－2000年5月

優點：賺的錢比在巨鷹公司賺得還多（每小時多賺0.35美元）。

缺點：省錢購是一間比較老的超市，看起來髒兮兮又陰暗，所以不是一個特別好的工作環境。許多同事年齡都比我大，看起來一臉不開心。結果，我們當然不太會彼此交談，所以輪班的感覺比在巨鷹超市還要漫長。

公司／活動：美聯銀行（Wachovia）

職務／職稱：分析師、衍生性金融商品行銷

日期：2005年6月－2006年5月

優點：我主管非常支持我，所以我雖然才大學剛畢業，仍交付我許多責任，指派的計畫和交易都非常有趣。我還有機會參與日常工作以外的活動，包括招募新的分析師。藉由參與招募活動，我得以建立一個具有說服力的商業個案，告訴美聯銀行為什麼應該到我的母校招募分析師。從意見發想到執行，發展整個招募計畫使我感到自己具有力量。

缺點：我一向很喜歡接觸多元化的族群，貼近不同人種、民族

和文化的生活。但是，美聯銀行總部位於北卡羅萊納州夏洛特（Charlotte），當時那裡的人口同質性相當高。夏洛特是一個適合家庭居住的城市，但除了四座酒吧和餐廳，沒有為應屆畢業生提供許多社交機會。我平時上班 11 個小時，從上午 7 點開始。工作特別具有挑戰性，因為我喜歡在上班前能有一些自己的時間。坐在交易大廳，整天被客戶的電話轟炸，對這個討厭的職務更加反感。

● 練習 2：你擅長的領域

（30—60 分鐘）

「你的競爭優勢是什麼？」亞倫（Aaron）問。

朋友不是故意得罪我。當考慮轉行，離開投資銀行業務時，我安排了一場非正式的聚會，和朋友進行咖啡小面談（coffee chat），他提出了一個問題。亞倫在私募股權投資領域工作了數年，我想與他見面，了解有關該行業更多的訊息，以確定我的背景是否足夠有吸引力。

在我們的談話中，亞倫試圖進一步了解我所具備的獨特技能，是否的確為公司所需的資歷背景，可促使他或招募人員選擇我，排除其他人。雖然我的答案不能使亞倫感到滿意，但他

的詢問卻使我意識到，我必須要能夠回答這個問題，不僅是為了面試，更是為了我自己。

　　要釐清自己如何比別人更聰明、動作更快或更出色，首先必須確認自己的專長。回到你在前面練習 1 列表中所寫出的工作、興趣愛好、專題研究和其他課外活動，然後在每個活動下方加入兩行──「我擅長的領域」和「我的困難點在於」。對於每個職務，寫下你最擅長或不擅長的活動或工作部分：

- 是否有任何專案特別突出？
- 你的成就是否獲得認同？
- 你是否經常因某些技能或素質受到稱讚？

擅長的領域，以我為例

對於前面提到的三個工作，我所寫的如下：

巨鷹超市顧客裝袋人員
（1999 年 6 月─1999 年 8 月）

我擅長的領域：我每天一定準時上班，執行指派的工作（大多時間），與顧客和同事都相處愉快。

我的困難點在於：我不喜歡每天重複做同樣的工作 4 小時。通常

我會和自己比賽，看看裝袋的速度和效率能不能更高。雖然因此得到不少樂趣，但對於客戶來說並不是愉快的體驗。我不喜歡一次站兩到三個小時，也不喜歡在極度炎熱的天氣去回收購物車。

省錢購收銀人員
（2000 年 3 月 – 2000 年 5 月）

我擅長的領域：我每天一定準時上班，此外，雖然工作環境條件很差，我仍為顧客提供良好服務。

我的困難點在於：我很快就沒勁了，因為我不喜歡那個工作環境，也無心與同事互動。

美聯銀行分析師
（2005 年 6 月 – 2006 年 5 月）

我擅長的領域：我能夠用 Excel 電子試算表製作複雜準確的模型，我的分析背後有清楚的說明。我努力工作，充分展現對細節的高度關注，並利用週末時間學習，快速增長知識。我挑戰現狀，發起新專案。

我的困難點在於：我的成長過程覺得總是要一直自我證明。在工作場所，這意味著與其他分析師同事互相競爭——這樣並不會創造最佳的工作動力。我的溝通技巧相對缺乏自信，結果我參加高層主管會議時感到緊張。

完成這個練習後，請回顧你在「我擅長的領域」所記錄的活動和案子，並依照興趣或技能類別加以分類。在繼續往下之前，把你發現的任何技能和興趣做個記號。下列是一些分類範例，可幫助你開始這個練習：

- **溝通技巧**：撰寫清楚易懂的電子郵件，公司內外溝通快速有效率，報告引人入勝，公開演講。
- **自我管理**：努力、勤奮、自我鞭策、有條有理、積極主動、有效率。
- **領導能力**：領導專案，在會議上發表意見，提出新專案建議或對現有流程進行改善，幫助新來的同事或學弟妹。
- **人際交往能力**：與公司內外利害關係人保持良好合作。
- **彈性**：能夠在壓力下工作，適應優先事項變化的能力，在有限指導下能夠工作的能力。
- **電腦技能**：文字處理，製作報告，開發模型，製作計畫表。

◉ 練習 3：你工作以外的興趣
（30—60 分鐘）

你如何運用工作以外的時間？在現有的一張紙或電腦文件中，就你現有的工作，寫下空閒時閱讀或收聽的主題或領域，無論是藉由書籍、文章、部落格、播客還是影片。在你的興趣中，是否能找到共通的主題？

例如，在我成為理財顧問前，會在空閒時間閱讀有關個人理財、房地產和信用卡優惠的訊息。這些主題因知識和實踐的角度使我產生興趣。隨著知識程度的提升，我開始在搭地鐵時收聽個人理財播客，經常與同樣有興趣的人進行金融和房地產主題方面的談話。最後，我開始在自己的部落格撰寫有關個人理財主題的文章，甚至用特休去參加個人理財會議。（真是個書呆子！）

● 練習 4：來自他人的回饋
（30 分鐘）

回想從前經驗和目前興趣，是一個很好的開始，可釐清自己喜歡什麼和擅長什麼。有時與他人交談可幫助你確認已知的事，或發掘原本你不知道自己具備的技能和興趣。這個練習，請朋友、同事（過去和現在皆可）或家人伸出援手，幫助你找出並確認你所具備的技能和興趣：

● 人們是否經常向你提出特定問題？
● 人們是否經常在某些問題或計畫上向你尋求幫助？

我發現這個步驟特別有幫助，因為能夠確定一些我從未想過自己具備的技能和興趣領域。例如，有好幾個朋友告訴過我，我真的很會找優惠撿便宜，也很會充分利用時間——這些事我

原本假設每個人都一樣厲害。一位同事說,我有開發 Excel 模型的天賦,幫助人們對人生重大課題做決定——原本我並不認為這真的是自己特有的技能。我的妻子珍妮佛(Jennifer)曾經慎重告訴過我,她認為我會成為一名出色的理財顧問。

如今回想起來,顯而易見的,我成為理財顧問是一條很清楚的道路,但這件事說來容易,當時我認為,理財規劃這份職業,是給沒辦法進入投資銀行產業的人做的,這個角色的職務僅是銷售金融商品。因此,我那時對珍妮佛的回應是斬釘截鐵的「不」。八年後的今天,我以一名自豪的理財顧問的身分寫書。

◉ 練習 5:性格測驗的結果
(30—60 分鐘)

有許多職業和性格測驗可用來幫助你進一步發現自己的興趣和優勢,包括邁爾斯—布里格斯性格類型指標(Myers-Briggs)、能力發現剖析測驗(StrengthsFinders)和 DISC 人格測驗(這些我都做過也推薦)。儘管這些測驗可能無法完美描述你的性格或偏好,但就你過去的經驗和從他人得到的回饋,可幫助確認你的興趣和技能。測驗的平均費用從 0 美元到 75 美元不等。

第 2 部分：偏好和優先事項

在對你的興趣和優勢有更清楚的認識後，我們接下來要根據你的偏好和優先事項，來尋找一種可能適合你的工作環境。

◉ 練習 1：你希望生活是什麼樣子
（30—60 分鐘）

我在大學畢業考慮第一份工作時，未曾想過的一個因素，就是我想要的生活方式。這可能是因為同學和我都認為大學主修商業的人只有兩種職業選擇——投資銀行或顧問。由於兩條路都需要長時間工作和頻繁出差，所以我認為壓力大的工作經驗是免不了的。

七年後，當我打算永遠離開投資銀行業時，考慮變得更加慎重，想要確認所從事的下一份工作能夠滿足我生活方式的需求。當時，我覺得許多職務都能和任何特別的技能和興趣組合搭配在一起。我也親身了解到，無論你的專業和財務狀況如何，如果工作使你無法擁有自己想要的生活方式，你便不會感到快樂。因此，下一個練習要把重點放在協助你確定適合自己的生活方式。

步驟 1：設想你理想中的工作日和週末

現在，讓我們忘記現實，讓夢想飛翔。要認真，花點時間想一想，從早上醒來到晚上睡覺，你理想中的工作日和週末是什麼樣子。不要考慮如何使理想變成現實，只需考慮理想的日子會是什麼樣子。在你一直使用的紙或文件中，盡可能把生活的細節都記錄下來。你不必去想一個工作日（或週末）特定的工作，但請務必列出你所想要運用的技能，或想要進行的活動（例如，做專案、與客戶面談、報告、寫程式、設計等）。

為了幫助你開始這個練習，請思考並回答表 6.1 中的問題（亦可於 www.workyourmoneybook.com 取得）：

表 6.1：理想的工作日和週末是什麼樣子？

問題	工作日	週末
1. 你幾點鐘起床？		
2. 你幾點鐘睡覺？		
3. 你會睡幾小時？		
4. 你如何開始一個理想的早晨？（例如，在床上喝咖啡、運動健身、上瑜伽課等。）		
5. 早餐、午餐和晚餐吃什麼？你會在哪裡吃？你會自己做飯，還是外送，或上餐廳用餐？		
6. 什麼活動你會專注一整天？		
7. 在理想的日子中，你會與誰聯絡？你會藉由電話、線上還是社群媒體與人們交談？		

步驟 2：考慮你的地理位置需求

你對自己住所的地理位置有強烈的偏好嗎？如果你想不出一個特定的地方，那麼你喜歡住都市、郊區還是鄉下？以更大尺度範圍來說，你喜歡住美國或其他國家？住朋友或家人附近，對你有多重要？把任何地理位置的偏好記錄下來。

步驟 3：考慮你的財務需求

根據你在第 4 章和第 5 章所製作的表格，你需要賺多少錢來維持目前或理想的生活方式？考慮一下你的基本薪資要求是什麼，長期來說你希望獲得的薪資，你對薪資報酬的偏好類型（例如薪水、獎金、股票），還有任何福利要求（例如 401(k) 配套、醫療險計畫）。將這些寫在目前的紙或電腦文件中。

● 練習 2：你願意如何取捨
（20—30 分鐘）

在你決定如何分配個人和事業生活之際，必定有所取捨，也會產生一些後果。下面的問題聚焦於工作與生活，在取捨之中你可能願意付出的代價。花一些時間思考答案，你可能需要仔細思考：

- 你的彈性如何？是否願意搬到特定城市或地點？如果你到一個地點可以比其他地點賺更多錢，你是否願意付出某些代價？如果是，要多賺多少錢你才願意？

- 你是否願意承擔高壓的工作，這個工作需要你晚上加班，有時週末也要加班？你願意為團隊 24 小時一週七天待命？薪資要提高多少你就願意付出這種代價？

- 你願意多久出差一次？你是否願意像一般的顧問，大多數工作日都在外商務旅行，還是你不願意？你願意出差的時間，會受到金錢的影響嗎？

- 每天晚上你都要回家吃飯，無論是自己一個人或與家人（包括寵物！）共進晚餐，對你是否很重要？

理想工作的拼圖

本章所有練習都完成後，請重新回顧答案，查看是否可以從回應中找出你的中心思想。請使用表 6.2 和下面的問題，幫助你整理想法（表格亦可在本書網站取得，見 www.workyourmoneybook.com）。慢工出細活。

LinkedIn 全球市場行銷總監兼職涯專家布萊爾・迪森布蕾（Blair Decembrele）表示，當這個練習完成後，還有另一種運用策略會對你有所幫助，就是利用這些資料來編寫你理想的工

作內容。「一些公司開始實際用這種方式來爭取招募頂尖的人才，例如旅遊產品公司 Away，只要求職者敢提出，就能爭取「夢寐以求的工作」。這個練習還可幫助你進一步發現目前的工作是否能滿足你的需求，或者時機已經成熟，是否該重新談判你的職務，或到其他公司尋找新機會，甚至轉換到一個全新的行業。」

需要考慮的問題

- 你是否可以運用理想工作表，根據下列各種因素，確認或排除某些行業、職務（甚至可能是你目前的職務或行業）？

  - **生活品質**：如果你非常重視擁有大量私人時間，可立即排除某些工作，例如投資銀行或法律行業。同樣地 1，如果你不願意出差，那麼像諮詢管理這樣的行業，要一直商務旅行，可能也不適合你。

  - **地點**：如果離家人近，對你很重要，你可以選擇特定城市或地區的工作。另一方面，如果你願意搬家，則可以擴展所考慮的工作類型。

  - **薪酬**：根據你的薪酬要求，可排除一些行業或職務。

  - **內容**：根據記錄下來的個人優勢和興趣，考慮是否適合你所挑選出來的任何職務或行業。例如，如果你個性外向，了解交易的藝術，那麼行銷人員可能是一個適合你的工作。

表 6.2：理想工作偏好整理表

職務類型	
職務範圍（例如：行銷、營運、產品管理、工程、貿易等）	
內部或外部關係	
個人貢獻者或管理者	
主動與被動反應式工作	
生活方式	
目標地點	
工作時間	
壓力程度	
薪資與福利	
目標全薪	
所需員工福利（例如 401(k) 提撥金、醫療險等）	
工作職責	
考慮	**排除**
行業、產業	
考慮	**排除**

第 7 章

如何微調你的工作

　　你是否曾經感到工作壓力大，變得不快樂，所以想要做一些極端的事情來修正這種情況，例如辭職，環遊世界，早早就退休，或以上皆是？我也有過同樣的情況。過去每當我那週工作不順的時候，很快就會開始考慮要做重大改變。畢竟非常時期需要非常手段，對吧？

　　多年來，我逐漸了解，對於不理想的工作情況，解決方式根本不用太極端——很多時候，職務的微小調整，足以顯著改善你對工作的感覺與整體生活的品質。

　　與其他策略相比，微調目前的工作其實比你想像的更容易，並且一般相關的風險更少，時間更短，需要預付的資金也

更低，這就是為什麼我建議利用這個策略作為第一步的原因。
線上學習平台 Udemy 人力資源資深副總卡拉・阿拉馬諾（Cara
Brennan Allamano）表示：「無論你身處何種職位，都要能掌握自
己的表現，知道自己能對企業產生何種影響。」

你所說的「微調」是什麼意思？

在你展開目前的工作時，可能有人會交接給你一份工作說
明，其中包括職責概要。這些任務很可能是根據前任員工在這
份工作中所分配的。雖然最初的工作內容是一個很好的起點（尤
其當你還在適應新職務和新公司的時候），但工作內容可以且
應該隨著你的任職期間而改變。隨著企業和產業的發展和創新，
經常需要新技能。你的職務也應該反映個人的優勢和興趣，這
些都可能與前任不同。

這就是工作需要微調的地方。不要把這個過程看作是試圖
推卸或避免某些責任，而是能將工作職責與個人專長配合得更
好。工作微調可能包括將某些任務移轉給別人，承擔新的職責，
或更改平時一些日常工作的時間。

耶魯大學艾美・瑞斯尼斯基博士、密西根大學珍・達頓博
士（Jane Dutton）博士和史丹佛大學賈斯丁・柏格（Justin Berg）博士，

他們對微調工作進行了許多研究，還特別稱為「工作塑造」（job crafting）① 。研究對象包括不同職業、不同階級的員工，來自財富 500 大公司到小型非營利組織。他們發現，嘗試微調工作的員工「最終通常會變得對工作更投入，更滿意，在組織中獲得更高的績效表現，個人的適應力也更強。」

表 7.1 提供了一些職場常見的情況，在這些情況下，微調工作可能會有所幫助。

起步

一想到微調工作或詢問主管是否可以調整職務，儘管聽起來很恐怖，但其實不用太擔心。卡拉・阿拉馬諾指出：「工作時時都在調整，無論主管或公司是否公開支持或指導這個過程。」即便如此，但從第一天上班開始就調整職務，可能並不合理。如果你擔任這個職務已有一段時間，也向團隊和公司清楚展現了你的價值，那麼嘗試調整工作更有可能獲得成功。

怎樣開始呢？綜合我和其他人的個人經驗，下面要推薦你一份路線圖。

表 7.1：工作調整有幫助的情況

情況	潛在的調整可能性
你的職責沒有與技能、興趣一致……	▪ 你是否可以承擔目前團隊中其他的職責或專案（現在或日後逐漸），這些與你的技能和興趣比較一致？
你是否覺得自己受到「微觀管理」，事事受限，缺乏許多決策權，只是在完成別人的待辦事項清單……	▪ 你是否能主動與主管討論，說明你偏好的工作形式，建議對方給你一段測試期，以便你能獲得更多自主權？
對於如何有效完成個人職責，你缺乏方向……	▪ 你是否能與主管面談，以釐清個人職責及公司對你的期望？ ▪ 你是否能每年安排定期面談，以審視個人進度和績效？
你並沒有獲得所需的露臉曝光機會或新技能，以便最終能幫助你在公司內轉或跳槽……	▪ 你是否能參與額外的專案（目前的團隊或其他團隊皆可），以便公司組織中的其他人員能夠認識你，有助你建立技能，進而提高你在就業市場上的競爭力？
你覺得精疲力盡，請假會使你內疚……	▪ 你是否能採取行動，幫助你在工作和個人時間之間建立界限（例如，善加處理利害關係人的期望，專案的最後期限不要抓太緊，避免承擔個人職責或專業範圍以外的工作。） ▪ 你是否能安排時間，與同事討論取得個人時程平衡的策略？
即使在晚上和週末，你仍會收到許多回覆和緊急要求……	▪ 這些回覆和緊急要求，經常是來自同一個人嗎？如果是這樣，是否曾試著讓他知道你需要足夠的前置準備時間才能把工作做好，進而與該人一起微調出彼此都能接受的結果？
你認為自己的薪資水準、升遷速度低於其他具有類似經驗和表現歷程的人……	▪ 你能與主管討論你的績效，以及你認為自己應獲得加薪或晉升的原因嗎？ ▪ 如果公司對加薪或晉升的考核流程較為嚴格，你是否能自在地與主管討論，你和公司雙方需要做什麼才能實現這個目標？

● 步驟 1：不僅提出問題，更要思考解決方案

你主管自己的事已經夠多了，如果你找他們抱怨你目前的職責，他們大概不太會願意接受你的要求，因為他們可能會覺得你只是在製造更多的工作給他們。另一方面，如果你能具體指出改善個人狀況，或其他可增加個人價值更好的辦法，主管可能會覺得比較不厭煩，不需要想出一套解決辦法，這樣他們比較可能願意幫助你達成目標。

時代公司前數位部門董事長，也是《柔韌》（*The Myth of the Nice Girl*）一書的作者法蘭‧豪瑟（Fran Hauser）建議你找出組織中的缺口，想辦法使老闆的生活更順心，才能找出可行的解決方案。這個法則幫助了豪瑟迅速被賦予責任，加速她的事業進入軌道。如今她身為老闆，凡遇到員工自願投入特定的任務時，她會特別對他表示感謝。

「每當有一位團隊成員先我一步，主動提出原本應該是我要做的口頭報告或商業簡報時，我總是心懷感謝，」她說。「這種情形經常讓他們能夠成為會議的一員，一同參與報告，並在此過程中獲得寶貴的曝光機會和知識。」

● 步驟 2：思考雙贏

當你在為調整目前職務而思考解決方案時，請這樣想，

你想要做的任何改變，怎樣才能成為你個人和組織雙贏的解決方案。

就業女爵創辦人羅倫·麥固溫說：「決定你想要什麼，原因是什麼，製作遊戲規則，配合業務目標，計畫你將如何達成，然後將計畫一步步推展。如果你的策略經過深思熟慮，對業務和你個人都有好處，那麼主管就很難拒絕你。」

● 步驟 3：面對主管，提出計畫

當你一旦提出具體建議，對公司組織中的每個人都是有利的，請安排與主管開會，討論你的想法。討論不必很正式，但請注意主管的偏好和溝通方式。LinkedIn 全球市場行銷總監兼職涯專家布萊爾·迪森布蕾說：「思考一下如何能最讓主管接受這些訊息，以及他們如何衡量成功的方式。如果主管重視數據，你的計畫就必須囊括研究和績效指標。如果主管比較主觀，那麼你可能需要描繪一幅前景，分享自己的貢獻和職場表現。」

如果你的要求無法獲得滿足，切勿威脅辭職（就算這可能就是你的本意）。相反地，語調依然保持積極，導向目標。

達成目標的範例

▄▄▄ 梅根的故事

一年前，梅根（Megan）加入一家頂級科技公司擔任銷售分析師，如今她終於感覺對自己的職務已有長足的認識，勝任愉快。

但是，有些模糊的領域卻成為她的痛點。特別是，梅根經常收到其他團隊的要求，但可能不是她的職責。因為梅根比較資淺，所以她總是接受這些要求，為的是要建立良好的聲譽。但是，額外的工作卻造成梅根無法專注於主要的專案，導致她晚上和週末都要加班才能完成工作。梅根壓力很大，面對千頭萬緒，不知該如何處理才能一切盡在掌握。

在朋友的鼓勵下，梅根決定與主管談談這種情況。梅根問主管，是否可以與其他團隊合作，將工作職責劃分清楚。梅根的主管認為這是個好主意，並與其他主管舉行會議，釐清每個人的責任。梅根受邀參加會議，並就如何跨團隊管理和職責重新分配，分享了一些建議。

會議達成結論，梅根能夠將自己收到不屬於她的臨時個別要求，分配給適當的團隊，因此覺得自己具有力量，能夠專

注於核心職責。她不再需要晚上和週末加班，壓力也減輕不少。由於梅根在主管會議中擔任的角色，與資深同事間的連繫管道也更加廣闊了。

重點學起來

- 如果你對自己的職務和職責有所疑惑，請說出來。很有可能這個問題只是還沒有人提出討論，甚至組織中也有其他人深受困擾。
- 協助找出問題並解決問題，將能為你帶來機會。

瑞克的故事

瑞克（Rick）在一家領導性社群媒體平台擔任廣告銷售人員已有五年，主要職務是與廣告商合作，以確保雇主網站上的廣告空間。瑞克天生善交際，如果精美的簡報不足以贏得客戶的讚賞，他就設宴款待客戶。

雖然瑞克樂在工作，也喜歡自己的公司，但他已準備好要換到更具策略性的工作。問題是，公司內部大多數職位需求，都需要 Excel 和專案管理能力，這些恰好都是他所缺乏的。

在網上進行了一番研究後，瑞克找到一個 Excel 訓練營，

為期一週。儘管課程主要針對投資銀行人員，但他還是決定註
冊。這個課程有助於強化瑞克轉換職務的願望。雖然他仍在前
往新職務之路邁進，但如今他已開始上 Excel 課程，因此覺得
自己更符合資格，能夠申請公司內部的策略性職位。

重點學起來

● 想要獲得新技能，如今有許多方法可以達成。做一點研究，
　拿出決心和態度，想要填補你履歷表上的技能缺口其實並
　不難。

▬ 珍的故事

　　珍（Jen）在一間《財富》500 大公司任職四年，擔任財務分
析師。她認為自己的工作很有趣，也真心喜歡同事，但常常感
到煩悶不已和焦慮。和大多數同事不一樣，她發現自己晚上和
週末幾乎都在加班。

　　在分別與職涯教練以及治療師面談後，珍意識到自己嚴苛
的日程安排反而可能是自己造成的。她覺得必須不斷自我證明，
否則對公司就沒有價值。

　　明白了這一點，珍開始建立新習慣，提升正念和幸福感，

包括：1) 工作日晚上 8 點以後還有整個週末，不檢查工作電子郵件，2) 除非絕對必要，否則在工作日或週末不工作，3) 開始靜坐冥想，4) 吃得更健康，5) 工作日減少檢查電子郵件的次數。這麼做雖然才兩個月，她感覺到肩膀上的重擔已大大卸下。

重點學起來

● 重點在於能夠辨認壓力大的工作時程表是由外部驅動還是自己造成的，才能知道如何改善這種情況。由內部所驅動的壓力，不會因為外部環境的改變而降低，好比你實際的工作或公司。

● 尋找服務提供者，排除偏見，可幫助你見樹又見林，這是很有價值的。在這種情況下，職涯教練、人生教練或治療師可幫助你通盤思考。

▰ 傑美的故事

傑美（Jamie）是一家業界龍頭信用卡公司的行銷專員，過去四年來一直獲得傑出的評價和評級，卻沒有得到晉升。她不知自己還能做些什麼才能升遷而感到沮喪和困惑，尤其是因為其他同期進入公司、相同職務的同事都獲得晉升之後。

在職涯導師的建議下，傑美決定與主管會面，討論升職進程。她解釋道，晉升對她來說是重要的成長里程碑，因此想問

還需要做些什麼才能往下一個層級晉升。她的老闆是個相對較資淺的新主管，她告訴傑美，她會先和高階主管談過，然後安排一場後續會議，以討論下一步。

在後續會議中，傑美的主管告訴她，高階主管認為她需要展現更多的領導特質，才能獲得晉升。結果，傑美和主管制定了一個計畫，她要發起並督導新的專案，讓她在高階主管前露臉，培養她的領導能力。她們還安排每月一次舉行定期會議，以討論並追蹤傑美的進度。

這個行動計畫的結果是，傑美在年底獲得晉升。她覺得自己得到更多的重視，現在經常被分配到高度重視的專案中。

重點學起來

● 關於事業的管理和發展，你必須採取主動。

● 跨越產業，每間公司的升職程序都有截然不同的差異，請和你的主管面談，釐清公司的程序和期望，才能明確知道下一步需要採取什麼行動。

輪到你了

回到你在第 3 章中完成的工作分析表，特別要注意你所發現的阻礙。你可以採取什麼行動來「調整」你的職務，漸漸排除這些阻礙？請利用表 7.2 把想法彙整寫下來（表格亦可在本書網站取得，見 www.workyourmoneybook.com）。

工作調整不夠的時候？

本章重點所聚焦的策略，可幫助你找到調整職務的方法，以便你可根據認定的偏好獲得更高的工作滿意度。但有時工作調整根本無法解決問題。

例如，如果你整體來說對自己的工作感到滿意，但對行業和日常職責卻不怎麼滿意，你能做的不僅是調整目前的工作，還增加其他職務。或者，如果你的工作有更多基本的問題，則可能需要徹底轉換工作。

在下一章中，我們將深入探討，如何用另一份工作來補充目前的職務，幫助實現你對工作需求的滿意程度，探索可能的事業道路，或兩者兼得。

表 7.2：調整工作的腦力激盪表

工作因素	解讀	阻礙	排除阻礙的可能方法
1. 你是否有獲得價值？	你喜歡自己所做的日常工作基本事務嗎？		
2. 你是否有增加價值？	你覺得自己能夠對工作產生影響力嗎？		
3. 你是否有增加個人的市場價值？	你當前的職務是擴大還是減少未來的工作選擇？		
4. 你的職務是否符合個人價值觀？	你的辦公環境、工作時間表彈性和員工福利是否會改善你的整體生活品質？		
5. 你覺得自己有價值嗎？	你覺得從薪資、升遷、工作責任方面得到同等的回報嗎？		

第 8 章

兼職副業，探索新機會

　　斜槓青年，兼差副業，20% 自由工作時間。無論你怎麼稱呼，現在比從前有更多的人在主業外另外發展副業。事實上，根據 2018 年理財網站 Bankrate.com 的一份報告，近四成的美國人有不只一份工作[①]。

　　額外的收入並不是人們競相追逐副業的唯一原因。許多兼職者另外接案，是為了滿足自己的創意需求。例如，我遇過一些人，這些人開始從事攝影、寫作和網路手工藝電商 Etsy 生意，發展個人在日常工作中用不到的藝術天賦。其他有些副業是一種試驗場，或許日後有機會發展為全職工作。派翠克・麥金尼斯（Patrick McGinnis）在著作《不離職創業》（*The 10% Entrepreneur*）一書中，重點介紹了許多成功的商業領導者，他們的創業是從

副業開始，其中包括受歡迎的海鮮連鎖店「盧克龍蝦」（Luke's Lobster）創辦人盧克‧霍頓（Luke Holden）[2]。霍頓最初創業的時候，是在華爾街擔任分析師，一開始是路邊一間不到 6 坪的小店，專賣龍蝦堡，如今已成長為一家全球性企業，年度營業額達數千萬美元。

津貼

如果你希望在自己的職業生涯中獲得更多滿足感，副業可能是一種具有吸引力的高效率策略。發展副業的好處很多，它可以讓你：

● **安全掌握新領域**：為了探索新領域而辭職，可能會帶來極大壓力，並且在財務上也不可行。但透過副業，你可以在現有工作的安全保障下，嘗試新的職業路線，揮灑熱情。這樣一來，你沒有立即賺錢的負擔，只需關注是否喜歡副業的其他關鍵要素。

● **探索創業精神**：開創副業可提供一個探索的機會，讓你知道自己是否想要創業，做自己的老闆。我們都聽過擁有自己事業的潛在好處，但開創副業讓你可在相對無風險的環境中親身體驗，通盤了解一個事業的優點和缺點，了解自己是否能樂在其中。

- **獲得新技能：**開創副業可讓你獲得新技能，在你平時工作中無法建立或練習這些能力。

- **填補未被滿足的工作需求：**在第 3 章中，你分析了現有職務的主要工作範圍。副業可使你能夠發揮那些不太有機會的領域——根據職務、組織或產業的實際情況，有些領域可能無法改善。例如，如果你不喜歡基本工作內容，但喜歡其他方面，則可藉由副業尋找更具吸引力的主題。

- **賺取額外的金錢：**從長遠來看，副業可以讓你探索新領域，並在現實世界中有所見識，以了解最可行的路線。但與此同時，副業可以增加你的收入，進而改善生活品質或有助於實現個人財務目標。

- **認識新朋友：**副業也可使你擴展人際網路。特別是，你可能會藉由研究、建立和推廣個人副業，發展線上和實體關係的新人脈。這些新人脈可成為導師、合作夥伴、盟友甚至朋友。

- **使你的生活多元化：**多一個副業可使你的生活多元化，幫助你不再只有接觸單一雇主的機會。這很重要，因為從財務和情緒角度兩者來看，把所有雞蛋放在同一個籃子裡是有風險的。例如，如果有一天你在平日工作中接收到負能量或負面回饋，則其他活動可幫助你感覺較平衡，恢復原狀，降低嚴重低潮經歷的可能性。

經歷使我的生活多元化

在我任職於財務界的時候，所作所為剛好都與多元化完全相反。無論在時間和經歷兩方面，我的生活幾乎都是繞著工作團團轉。由於專注於工作的生活型態，這表示我每天在工作上的表現，都會決定我的心情。如果我對專案的貢獻得到正面的回饋，便會感到欣喜若狂。另一方面，如果我因為某種原因受到批評，無論大小，我都會變得沮喪。

不幸的是，工作上的一頭熱，使我過度忙碌，沒有其他事物可以平衡我的生活。基於這樣的經驗，我成為生活多元化的堅定倡議者。這就是我選擇在 Google 工作，同時經營一家理財規劃公司，參加一系列活動，讓我忙碌投入工作，樂在其中的原因之一。如果我在生活某方面出現不順的情形，通常都能從另一方面獲得滿足感，以幫助平衡自己的情緒狀態。如此一來，無論是那一天，我都很少會感到極度低潮。這就是我喜歡的方式。

現在，一些實用重點

雖然開始做副業有很多好處，但在展開一個事業之前，你應該考慮一些實際的問題，其中特別要注意的是：

- **你需要時間**：部落格和一般文章通常寫得讓副業聽起來很容易，但事實是，新創事業的研究、建立和行銷都需要時間。我們大多數人都沒有多餘的時間，因此你需要製作一週時間表，列出平時的工作，然後請自問：
  - 占據我目前時間的哪些活動是必要的（例如白天的工作或與家人的相處時間），哪些活動是自願的（例如，看Netflix 節目大吃大喝，或玩虛擬足球遊戲）？
  - 為了追求成功，我願意放棄哪些自願活動？
  - 我現在是否有效運用時間？是否有方法可使我順利進行副業，又不致減少投入時間到目前的個人和專業活動中？（關於此主題還有更多提示，請參閱第 15 章。）
- **你不會見到立即的成效**：雖然你每週需要花一定的時間在副業上，但你不會立即得到成效，也不會馬上得到正向增強，難免令人沮喪。一些最成功的部落格作者經常會談論最早創建網站時，一天可能只有 10 位訪客，其中包括他們自己和家人。
- **你可能需要額外的錢**：開始經營你的副業往往涉及許多步驟。例如，你可能需要額外的訓練，才能真正在目標領域開創副業。即使你獲得了開創副業所需的資格，你也可能需要支付某些管理費用，例如購買網域名稱和網站代管服務、印製名片、購買廣告、註冊公司等費用。
- **副業不該影響你目前的工作前景**：副業為你提供機會進行

專業實驗，同時仍能享有定期薪水的穩定性，這是這條路線的好處之一。為使這個策略成功，一個關鍵是避免進行會損害你平日工作安全的活動或承諾。這意味著：

- 首先要以平日的工作為優先。確保你仍盡忠職守，按時完成任務。

- 不要利用公司資源來獲取自己副業的利益。例如，不要在辦公室處理你的副業，不要用公司電腦做你的副業，也不要對公司客戶宣傳你的副業。

- 查詢公司的員工行為準則、利益衝突、通訊往來和兼差政策，以確保你了解哪些可能的副業活動會踰越公司規定，守法守則。

入門：如何對準目標，將概念化為現實

開創副業是從大量研究、省思和計畫開始的。儘管這個階段可能很乏味，但可說是整個過程中最重要的部分。仔細考慮許多會影響副業的因素，你將能夠找出可預見的致命傷和阻礙，不致繼續錯下去。開創副業前階段包括下列步驟：

▬ 確定你的「為什麼」

考慮下列幾點，定義你想要從副業中得到什麼：

- **副業目的**：開展副業，目的是否為 1) 彌補未滿足的工作需求，2) 探索新的專業領域，3) 賺取額外收入，4) 以上皆是，5) 其他目的？

- **副業類型**：你是否希望從副業中賺取足夠的錢，支付你的營運成本，再加上一些額外理由（即業餘愛好），還是希望最終能用副業收入取代替平時工作的收入？

探索追求的領域

記住自己的「為什麼」，你可開始探索許多可能的道路。有些人可能考慮過很久的時間，心裡早已有了腹案，深知自己想追求這個領域。至於其他所有人，下面的因素可幫助你聚焦於幾個領域：

- **回想從前的工作**：你可運用第 3 章和第 6 章中完成的幾個練習，舉一反三，在這些練習中，你找到了目前職務中所缺乏的要素，以及理想職務中的要素。請回頭翻閱你的記錄，以便重新喚醒記憶，確定對你很重要的興趣和技能，以及人們經常找你尋求解答的問題或學科領域。回想你在休閒時間閱讀的書籍、文章或部落格。前面做過的所有練習成果，都可以帶給你線索，提供副業可能的聚焦領域。

- **尋找現有案例研究**：接下來，你可以進行網路研究，了解

相關行業已證明成功的副業類型。如果你想要創辦的副業是希望能夠建立長遠的生意，最終成為你的全職工作，那麼這個方法可能尤其重要。請記住，副業可能是性質廣泛的，也可能是高度專業的。一些廣泛的例子包括部落格、自由撰稿、顧問、教學、輔導和諮詢——以上所有工作都可以依照個人情況，就單一或數個有興趣的領域自行規劃。其他領域則著重於單一主題或垂直領域，例如房地產租賃管理或時裝設計。

● **探索商業模式：** 當你考慮要追求哪個領域的副業時，還需要釐清如何才能賺錢。通常，你可以藉由下列方式獲得收入：1) 銷售你的產品，2) 銷售你的服務，3) 銷售他人、公司的產品或服務。關於這些商業模式的例子請參考表 8.1。

表 8.1：副業潛在的商業模式

商業模式	例子
1. 銷售你的產品	▪ Etsy 網路商店的手工藝品 ▪ 電子書
2. 銷售你的服務	▪ 網站設計服務 ▪ 職涯教練服務 ▪ 理財規劃服務
3. 銷售他人的產品或服務	▪ 展示廣告 ▪ 業配內容 ▪ 聯盟廣告

思考你的資金策略

幾乎所有副業都需要至少一些前期的財務投資。一旦確定想要追求的領域後，你將需要估計副業在前期以及後續維持的花費。你可藉由幾種方式進行思考，包括：

● **搜尋網際網路**：我發現，就一些目標進行網路線上搜尋，通常是估計成本一個很好的起點。你經常會找到幾篇根據他人第一手經驗的文章，概要說明開創各種副業的花費。

● **與業界專家聯絡**：完成一些初步研究後，你可能會想要聯絡一些人士，他們已成功創辦你正在考慮的生意類型。與業界專家聯絡可幫助你驗證網路研究，改善你對潛在開銷的認識，甚至提供你取得業務資金的技巧或工具。當我在考慮是否要創辦理財規劃公司時，便是採取了這種方法。在進行大量的線上搜尋後，我聯絡了幾位紐約市的理財規劃師，了解他們取得資金和發展業務所經歷的過程，花費的時間，使用的服務提供者，以及他們願意分享的任何其他有用的技巧。

● **徵求商業教練**：開創新事業時，商業教練可幫助你降低入門所需的線上研究數量。此外，教練可和你一起集思廣益，思考可能的事業，並與你建立持續的關係，使你負起責任，言出必行。一旦業務展開，教練會提供你如何簡化營運的建議，並幫助你思考如何拓展新市場、新客戶。

▅ 採取行動

你可能已研究了多個副業，同時也應準備好要選擇目前最能引發你的熱情，具有可行性的副業。由於要從個人其他活動中撥出時間，你最好先從一個副業開始，看看它在生活中實際運作的情形，而不要一次兼多個副業。如果你壓力過大、負荷過度、精疲力盡，那麼評估你對某種特定副業的興趣將愈加困難。

一旦你選定一個副業，請制定一個為期六個月到一年的計畫，大致列出在初階測試期結束時，一個「良好」結果會是什麼樣子。「良好」結果可包括你想要實現的具體目標或可量化目標，例如收入目標、客戶目標或教育和技能里程碑。確認將你的大目標轉化為可以每週或每月達成的小規模行動。

你還需要找時間進行新計畫。你至少應該每週花幾個小時在副業上。以我來說，我心中設定的時間，是平時工作日的早上 7 點至 9 點間，以及下班後 6 點至 8 點間，這是我盤算著要騰出時間來做副業的時段。我比較喜歡在大清早處理副業，因為這時精神已經恢復，通常比前一天晚上清醒，而且平時的工作還沒收到十萬火急的被動要求。週末時間，我通常會在早上到一家咖啡店，花幾個小時處理副業的工作。時間雖然不多，但我嘗試做過的副業包括房地產、自由撰稿、理財規劃，現在還在寫書！

請用表 8.2 作為指導，幫助你開始規劃自己的副業（表格亦可在本書網站取得，見 www.workyourmoneybook.com）。

表 8.2：房地產經紀人副業的六個月計畫範例

六個月目標	<ul><li>成為有執照的房地產經紀人。</li><li>爭取一位買主客戶。</li></ul>
月行動／目標	
第 1 個月	<ul><li>研究成為房地產經紀人的需要事項。</li><li>與其他兼職房地產經紀人聯絡，以了解他們如何開始和發展業務。</li><li>註冊房地產證照線上課程。</li></ul>
第 2 個月	<ul><li>完成房地產證照線上課程。</li><li>學習並通過州政府證照考試。</li></ul>
第 3 個月	<ul><li>研究並決定房地產經紀公司。</li><li>製作行銷資料，包括名片、LinkedIn 公告，並對人際網發布電子郵件公告。</li><li>撰寫房地產部落格文／文章，並發布推介給部落格作者和知名網站。</li></ul>
第 4 個月	<ul><li>舉辦一場如何在紐約市購買公寓的說明會，鎖定新客戶。</li><li>與至少一位事業有成的房地產經紀人建立聯絡網，若他們有業務上預期無法配合的客戶，嘗試爭取轉介。</li></ul>
第 5 個月	<ul><li>舉辦一場如何在紐約市購買公寓的說明會，鎖定新客戶。</li><li>與至少一位事業有成的房地產經紀人建立聯絡網，若他們有業務上預期無法配合的客戶，嘗試爭取轉介。</li></ul>
第 6 個月	<ul><li>舉辦一場如何在紐約市購買公寓的說明會，鎖定新客戶。</li><li>與至少一位事業有成的房地產經紀人建立聯絡網，若他們有業務上預期無法配合的客戶，嘗試爭取轉介。</li></ul>
副業工作時間	

平日	▪ 星期一：上午 7:00 至 8:30 ▪ 星期二：上午 7:00 至 8:30 ▪ 星期三：上午 7:00 至 8:30 ▪ 星期四：上午 7:00 至 8:30 ▪ 星期五：上午 7:00 至 8:30
週末	▪ 星期六：上午 10:00 至下午 12:00 ▪ 星期日：上午 10:00 至下午 12:00
時間從 哪裡來？	▪ 將運動訓練時間從工作日的上午 7:00 改到下午 6:00。 ▪ 減少觀看電視、Netflix 和直播體育節目的時間。
你如何確保 遵守計畫？	▪ 將分配的副業時間寫入行事曆。 ▪ 讓妻子知道我的計畫，確認她參與成為團隊一員。

評估並進行調整

當然了，不可能所有的活動都是你喜歡參與的。副業的好處是可以讓你對有興趣的潛在領域試試水溫，能夠更加認識成功所需的日常基本技能，而不必承擔一般工作變動會產生的風險。

為了將一份副業發揮最大程度的效益，你應該定期反思自己的感覺，並在必要時進行調整。這可能意味著你要決定，原本你以為這份副業有朝一日會成為全職工作，是否還是作為業餘愛好比較好。或者，你可能會選擇完全放棄，因為你已經了解自己根本就不喜歡這份副業。

布羅克・麥高夫（Brock McGoff）是「謙謙君子」創辦人（The Modest Man，一個致力於幫助矮個子男人改造穿搭的網站），在

推動「謙謙君子」概念之前,曾經嘗試音樂製作方面的副業,並開發過許多網站。他說:「創造賣得出去的網站,是學習網站內容開發的好方法,但我其實並不喜歡它們,只是為了賺錢而做這些關於網站的工作。後來我了解,這種情況難以為繼,也無法滿足我。隨著我開始愈加關注男裝穿搭改造方面,我決定要建立一個網站,內容是關於我從以前就一直想要閱讀的男裝風格。」經過三年的耕耘,麥高夫在這份副業中取得飛躍性的成長,將「謙謙君子」變成他的主要工作——從那以後,他再也沒有回頭。

或者,你一開始可將副業當作業餘愛好,發掘意料之外的成功可能性,最後再來考慮是否要將副業當成全職工作。這就是吉姆・王(Jim Wang)的情況,他是一個軟體工程師,在 2005年創造了一個名為 Bargaineering 的個人理財網站。「我一直對個人理財及其運作方式很有興趣,因此開了一個部落格幫助自己理解。我從沒想過別人也會想要閱讀這些內容。」但在短短數年內,他的網站收入提高到 30,000 美元。由於網站快速發展,促使他重新考慮是否仍將 Bargaineering 視為「僅僅是一個愛好」。到了 2008 年,隨著網站產生了六位數營利,王決定讓 Bargaineering 成為全職工作。「當時我思考是否要全力放手一搏,一個考量是寫部落格這門生意可以持續多長時間,」他解釋。「但我決定,無論能夠持續多久,如果我不全力以赴發展這個網站,等到以後回頭看,我肯定會後悔。」創立

Bargaineering 網站五年後，他以數百萬美元的價格將網站出售。如今他在開發的是另一個名為 Wallet Hacks 的個人理財網站。

　　尼爾・帕斯瑞查（Neil Pasricha）是《人生處處小確幸》（*The Book of Awesome and The Happiness Equation*）暢銷書兼全球快樂機構所長。隨著時間的推移，他也看到自己的副業以意想不到的方式演變。他在沃爾瑪超市（Walmart）擔任領導力發展部長時，開始寫作和演說。最初，帕斯瑞查沒有計畫將這兩種副業轉變為全職工作。他解釋道：「有人統計過，作家的平均著作量只有 1.1 本，所以在第一本書完成後，我想這大概就是我作家生涯的高峰，故事可以畫下句點了。至於演說，我聽說平均演說生涯大約可持續六年，聽起來太短了，不能辭掉平日穩定的工作。而且我很喜歡平時工作帶給我的好處，具有結構感，也是與他人進行社交活動的場所。」

　　但經過六年的寫作和演說，帕斯瑞查的感受發生了變化。他重新評估了自己的情況，終於決定辭去沃爾瑪的工作，全力投入副業。帕斯瑞查說：「我的決定一部分是屬於個人的——由於我有孩子，所以晚上和週末都要抽出時間陪伴他們，但我通常要工作，進行寫作和演說。另一個原因是我看到這兩件事的可行性——在寫了五本書並參加過 150 場演說後，我認為自己真的能以這些活動為生。」

決定是否全力投入

　　雖然許多故事重點顯示相關人物最終都將自己的副業轉變為全職工作，但是，跨出這一步的決定不可掉以輕心。許多人是經過多年，正職和副業達到平衡後，才開始這樣做，而帕斯瑞查認為，盡可能長時間維持這種平衡行為，具有許多好處。「我相信，同時進行多種工作，能夠讓你違反直覺，承擔更多風險！例如，如果你有一個週末婚禮 DJ 的兼職，並且樂在其中，那麼你在正職工作上可能會覺得更有動力，願意表達見解，這當然有助你受到重視，獲得更多晉升機會。而且，如果擁有一份正職工作，你也可能會願意為了展現個人的藝術才華，去承擔更多風險。」

　　在財務上，你還會要計算這些數字，以評估將副業變成主業是否可行。請自問下列的問題：

- 根據你在第 4 章和第 5 章的概述，你副業的淨收入是否可以完全支付生活費用？請確認因員工福利而沒算到的任何費用，如醫療保險費，要將生活費用往上調。
- 在基本情況下，依照你目前的事業軌跡發展，一年的淨收入會有多少？在最好的情況下，淨收入是多少？最壞的情況下呢？

● 如果你辭掉工作，把副業變成全職，此時最糟的情況發生
　了，你該怎麼辦？你能忍受最糟的情況嗎？

第 9 章

準備換工作

　　在第 7 章和第 8 章中，我們探討如何調整或發展副業——
兩者都是低風險的有效策略，可提高職業或生活滿意度。但有
時候，這兩個選項根本無法解決問題。事實上，我曾與幾個人
一同合作過，他們認為是工作讓他們生病。即使是情況沒這麼
極端的案例，與其希望目前的工作情況做點小改變，以為這樣
就能解決問題，還不如把工作整個換掉比較有意義。在本章中，
我們將討論完全換掉工作是否為最佳選擇，如果是，又該如何
繼續尋找下一份工作。

該留還是該走？

　　如果目前的職務中缺乏你所重視的工作因素，或者目前的

工作與你在第6章中所釐清的理想工作之間存在著很大的差距，還是你藉由工作微調或副業，已確認另一種職務更適合你，那麼轉職就很有意義。

回想一下你在第3章中做過的練習，你評估了目前的工作。如果你最優先重視的工作因素沒有得到充分的滿足，並且對那些工作方面嘗試的調整也沒有成功，這可能就是一個訊息，是時候該找新工作了。如果你不喜歡目前的行業或平時的工作，又缺乏時間或精力經營副業，承擔更多責任，那麼另找一個工作可能是解決的辦法。當然，如果你的工作讓你在生理和心理上都感覺很差，這可能是另一個該找新工作的重要訊號。

你的財務資源以及願意為一個工作投注多少金錢，是其他必須考慮的因素。你可能需要動用儲蓄資助社交活動費用，聘用職涯教練，或註冊課程以培養新技能。

目標集中

雖然你的情況可能就是適合完全轉換工作，但目標集中可幫助你大大提高獲得理想職務的機會。最初，「亂槍打鳥」法則可能會給你一種大撒網的成就感——也就是說，無論什麼類型的工作你都儘量去應徵。但是，事實恰好相反。根據 Indeed

求職搜尋引擎網站，發現送出最多求職信的人，得到雇主正面回應的可能性最低，約減少39% [1]。可見求職的領域過於廣泛，不僅會減損獲得雇主回應的機會，同時也降低你得到確實符合理想職務的可能性。

使用一種較集中的方法，你便能夠告訴雇主，你在工作搜尋中投入了時間和精力，使你更能輕鬆向雇主自我行銷，並幫助你得到與個人興趣、技能和期望生活型態相符的職務，努力有所回報。這就是為何到了本章末，你會將可能的職務範圍縮小到一兩個的原因所在。

● 第 1 步：藉由網路搜尋進行探索

為了向目標職務前進，第一步就是要規劃所有可能性，這代表要製作一份表格，列出可能的行業、公司和工作職責。有幾種策略能夠用來展開探索。如果你已經找到想要從事的特定工作職責，那麼你的搜尋範圍便是要釐清哪些行業和公司需要這些職責。另一方面，如果你尚未鎖定特定的工作職責，則可以從你認為有趣的行業和公司開始研究，再來確認可能需要你技能的特定職務和工作職責。這種方法適合仍在念大學或專業的人員，這些人具有可應用在許多不同職務的技能。

「就業女爵」創辦人羅倫・麥固溫鼓勵求職者，把重點放

在尋找適合的公司，而不要過度著重具體職位。「你知道自己很聰明，在職業生涯中可以做很多不同的事情，你將會換很多工作——所有的統計數字都這麼說。但如果你把焦點放在一間可以配合你個人價值的公司，為這樣的公司工作可提供你重要的益處，你可以在這家公司內轉，轉換許多不同的職務，這比另換一間公司要容易得多。從長遠來看，對你也好處多多。」

為了開始探索，請運用下列任何或所有策略，同時一併參酌你在第 6 章末完成的理想工作偏好整理表。

■ 搜尋可能的職務

探索職務時，請自問：「哪一種職務可能符合我的技能和興趣？」

- **LinkedIn 個人資料**：在 LinkedIn 上，對你公司或競爭公司中職務相似的人員執行進階搜尋，看看他們過去轉換過的職務。這樣做可幫助你了解會重視你技能和經驗的工作職務類型。

- **工作描述**：查詢不同職務的工作內容描述，以了解你可符合哪些職務類型的所有必備教育、經驗和技能要求。履歷撰寫服務 TopResume 的職涯專家阿曼達 ‧ 奧古斯丁（Amanda Augustine）說：「職務描述通常包含一份流水清單，

上面是人事主管希望理想求職者所具備的特質，但他們很少期望求職者實際上具備所有的特質。你要做的是設法釐清每個查詢職務的核心要求。」根據你所具備或想要建立的財務跑道數量，以及你願意投入轉換工作的時間，你可能還會想要查詢和考慮僅滿足部分必備條件的職務。

- **線上搜尋**：進行線上搜尋，找到重視你核心設定的職務名稱、相關文章或職缺清單。例如，分析能力很強的人可搜尋：「工作需求為分析能力」。這種搜尋可以讓你對於符合你技能的職務類型有更多認識。

探索可能的公司

在搜尋公司時，請自問：「哪些公司可能符合我的職業目標、價值觀和理想的生活方式？」

- **公司職缺**：查詢公司網站的徵才職缺網頁部分，以了解公司規模、組織結構、職缺機會、現有的僱員概況以及聘僱辦法。
- **近期新聞報導**：搜尋目標公司相關的新聞報導，以便更加了解公司的最新發展和財務狀況。這將有助你了解公司所倡議的措施是否引起你的興趣，以及公司處於上升、下降還是平穩的軌道。
- **求職專門網站和論壇**：上網看專門的求職網站，例如

glassdoor.com 或 vault.com，甚至 reddit.com 等論壇，
大致得知員工對他們公司的看法，但小心不要因一兩個評
論直接跳到結論。與其他評論網站一樣，如果一家公司的
評論很少，對公司過於正面或負面的看法，可能會造成你
的觀點扭曲。

我探索潛在事業的經驗

我打算從投資銀行轉職時，一開始是將可能的工作列成兩張表來
研究，一張表是金融服務業的工作，另一張表則是非金融服務業
的工作。這麼做目的在於將我所有的選擇列出，包括與我當時經
驗密切相關的職務，以及與當時從事工作完全無關的職務。

在金融業方面的工作，我所列的類別是此領域中我有興趣的工作
職務，例如投資銀行、投資管理、私募基金、風險投資。而非
金融業方面的工作，我用的是不同的區分方法，因為根據我的搜
尋，可大略得知公司規模（小型或新創、中型、大型）和工作職
責（行銷、策略、營運、金融）是特別重要的兩大因素。例如，
在大型公司中，我所擔任的任何職位都可能是更專業且專注範圍
狹窄的領域。這種情況與小型或新創公司完全不同，不但工作繁
雜，人手也不足——也就是說，你會發現自己要處理很多不同類
型的專案。

在金融業界和非金融業界可能的工作職務列表建立完成後，我便
上網搜尋，在每個類別至少發現有三家範例公司（我搜尋「紐約
市頂尖投資銀行」、「紐約市頂尖新創公司」等），還查詢公司
排名報導（「《財富》雜誌百大最佳工作公司」、「紐約市百大
最佳工作場所」、「《克雷恩》（*Crain's List*）雜誌紐約最佳工作
場所」等），我將搜尋範圍限制在辦公室位於紐約市，因為我知
道我想要留在這裡。

● 第 2 步：藉由人際網路進行探索

　　雖然你可以藉由全球資訊網學習很多事，但它只能帶你走
到一定的距離。但建立人際關係，將你有興趣公司或行業上班
的人約出來聊聊，進行資訊式面談（informational interviews），可幫
助你獲得關於潛在職務和公司的「真實故事」。

━ 與現有關係人士的資訊式面談

　　你可將資訊式面談視為與朋友見面或了解熟人的機會，你
可以更加了解他們對你所感興趣的職務或公司經濟及看法。資
訊式面談能夠為你回答下列問題：

職務

- 在這個職務上工作是什麼樣的感覺？你能告訴我典型的一天嗎？你喜歡你做的工作嗎？
- 這個職務或團隊是否具有成長空間？團隊成員一般任期是多久？離開團隊後他們做什麼？擔任此職務的人轉換到公司其他職務相對容易嗎？
- 哪種類型的人能夠勝任這個職務？你是否正在尋找具有特定技能的人？
- 基於我的興趣和技能，你認為我適合擔任此職務還是這間公司的其他職務嗎？

公司

- 在這家公司工作感覺如何？為這家公司工作的人，總體而言有熱情嗎？
- 公司各個團隊平時的典型工作量是否類似？有預料到晚上和週末加班嗎？如果有，通常情況如何？
- 公司是否允許員工靈活有彈性地，可以偶爾或全職在家遠端工作？
- 員工福利（例如 401(k)，醫療險等）如何？
- 你最喜歡在這家公司工作的哪一點？
- 在這家公司工作，你最不喜歡什麼？

我建議藉由查看你在 LinkedIn、Facebook 和目前使用的任何其他社群媒體或人際網站上的聯絡人，留意那些在你感興趣的公司或職務工作的人。一旦列出聯絡人清單，請與他們聯絡，安排電話談話、咖啡談話或共進午餐。

與對方聯絡時，要求需具體，這樣他們才能評估是否能夠幫助你，進而使他們了解需要投注的時間。請記住，除非你和對方非常熟，否則你不應該要求一份工作。如果藉由電話談話或面對面談話，請重視對方的時間，及時主動提示，不要占用比預定更多的時間。

如果你是約出來喝咖啡或共進午餐，請主動付錢——他們與你見面是在幫你的忙。談話討論後，請向對方表達你的感謝，說明有任何進展會告知他們，並願意提供個人資源。

▬ 建立新關係

如果你只有幾年工作經驗，沒有很多聯絡關係，或者還沒有與你現有的直接關係形成「人際關係網」，該怎麼辦？在 LinkedIn 上，與你的直接關係人聯絡，轉介你與他們人際網中的相關人員認識。藉由 meetup.com、你的同學校友會或志工服務，搜尋並參加你可能有興趣的活動。

　　奧古斯丁說：「別想當然耳地認為人脈只限於同事或校友。事實上，相較於其他經過安排計畫的活動，藉由個人興趣愛好結識新朋友，也是一種輕鬆建立人際關係的有效方法。在建立人際網路時，請注意，建立關係有兩種最重要的人，一種是來自你所期望的行業，另一種是交友廣闊的社交花蝴蝶。」

正確建立人脈網

有時候，建立人脈網會令人厭惡，彷彿為了一己私利，像一場交易，但只要重新訂定目標，事情就不會如此。特別是我認為，人們將其視為與他人見面、學習和幫助他人的機會時，他們在人際往來上是最成功的。心中抱著這個想法，斟酌下列建議，幫助你在人脈網上的時間和精力（當然，還有金錢）的投資最大化。

隨時保持人際往來（而不僅在有需要時）

「想要取得成功，知道自己可能達成什麼，你必須主動去接觸那些平時沒有聯絡的人。如果沒有這些重點聯絡，在某種情況下，你很容易變得孤立無援，因為最能夠幫助你取得成功的重要人物（或最需要你幫助的人），他們不知道你的好，你真正的興趣，或者就此點而言，甚至不知道你的存在。」

法蘭・豪瑟，《時代》公司前數位總裁，《柔韌》一書作者。

準備

「確定你的目標：請自問，你想要建立一種人際關係，是希望從裡面尋求什麼。你是否打算與日後特定的雇主建立關係？遇到一個新師父，提供事業指導或行業專業知識？在你的行業中認識新朋友？主動釐清你建立人脈網的目標，將能幫助你架構想要問的問題，準備精簡的電梯簡報（elevator pitch），並確定你對聯絡人的請求。」

保羅・沃夫（Paul Wolfe），Indeed 人力資源高級副總。

學習、傾聽並找到共同興趣

「不要像冷冰冰的商業交易行為那樣處理人際關係，而是應該採用我所謂的有機網路。『有機網路』是指，當你唯一的目標是更加了解一個人在世界上的經驗和位置。這種不預設前提的方式較為自然，最後你會對這個人有更多的了解。把所有的對話，都當作學習而不是傳授的機會。永遠記住，也要練習主動傾聽。以這種心態來建立人際關係，你會驚訝地發覺，原來人與人對話是如此輕鬆自然。」

理查・蒙羅斯（Richard Moross），MOO 執行長兼創辦人。

提供幫助

「建立人脈網的最佳技巧是要先充值。在你想要詢問或從剛認識

的人那裡獲取價值之前，請先充值。一種簡單的充值方是用簡短的個人化訊息，向人傳送對方可能感興趣的活動或文章。你也可以舉辦一場簡單的聚會（例如雞尾酒會），讓居住在當地的人能夠建立聯絡關係。隨著時間的推移，當你形成人脈網，並建立聲譽，成為一個提供價值的人，回報就會到來。」

尼克‧格雷（Nick Gray），博物館駭客（Museum Hack）創辦人。

後續追蹤

「建立人脈網最重要的事（但往往容易錯過），是任何互動之後所發生的事。你曾經從公事包底部或送洗衣物中撈出多少張破爛的名片？真正的工作在於仔細留意，抓住所有重點（甚至是聊天），確認人際關係的優先順序，以及按照你討論或承諾的所有內容——付諸實行。簡單易懂，執行難。」

茲維‧班得（Zvi Band），Contactually 執行長兼聯合創辦人。

闡明你對他人的價值

「永遠給別人一個特定的理由，顯示你是一個最合適或值得的聯絡人。如果你不打算在個人訊息和定位上投入努力，那麼你就不值得別人的回應。保持簡單明瞭，顯示你真正了解想要聯絡的人的角色。

安東尼雅‧霍克（Antonia Hock），
麗思卡爾頓領導中心（The Ritz-Carlton Leadership Centre）副總。

◉ 步驟 3：縮小可能的職務範圍

在本章開始時，你可能已列出許多可能的職務、公司和行業，但是藉由線上搜尋和資訊式面談，你應該能夠逐漸排除某些選擇。即使如此，你可能還是有許多職務可供選擇。如前所述，你的目標是到最後將搜尋範圍縮小到單一職位類型，最多兩種（以及相關的希望職務）。這將使行銷自己變得較容易，也讓未來雇主更容易了解你的故事。

想像一下另一種狀況——如果你開始尋找行銷、電腦程式和自由撰稿的工作。你會如何定位你的 LinkedIn 個人資料？思考你每一份應徵履歷會有怎樣的差異，以及為每個職務轉換電梯簡報和心態所需的時間。如果同一天要面試電腦程式設計師和行銷兩種職務，你該怎麼辦？光是想就覺得有夠累！

◼ 你說的單一職務類型是什麼意思？

當我說要將搜尋範圍縮小到一兩種類型的職務時，並不是要你覺得必須過於限制自己。例如，如果你對市場行銷有興趣，你的職務類型不必像「我想成為一家消費日用品公司品牌經理」一樣明確。相反地，你的目標職務可能是行銷，使你能夠在運用你的策略和分析技能的同時，直接或間接地幫助品牌行銷產品。這樣，你就不會限制自己在少數幾家公司。有了較為廣泛的目標，你可以在寶鹼（Proctor & Gamble）等公司工作，幫助行銷特定

產品，例如汰漬（Tide）。或者，你可以到一家協助品牌產品行銷的公司去工作，例如廣告代理商。這個策略可讓你充分縮小搜尋範圍，如此一來，你就可以跨越職務，發出相同的行銷訊息。同時可使你的搜尋範圍夠大，充分利用潛在機會。

➡ 小轉換的兩個問題

如果你的目標是轉換到與你現在所從事工作相關的職務，Indeed 人力資源高級副總保羅‧沃夫建議，你要評估每個可能的職務，並自問：1) 你有資格勝任這份工作嗎？2) 你真的想做這份工作嗎 [②]？

花一些時間問自己這些問題，看看最後列表上剩下哪些職位。每個問題的答案必須都是肯定的「是」，否則請把職務劃掉。如果你覺得自己沒有足夠的訊息來回答某特定職務的這些問題，請安排更多的資訊式面談，以收集決策所需的數據。

➡ 大轉換的注意事項

如果你鎖定目標的職務，目前你可能沒資格擔任，請跟隨下列問題的答案，以縮小你的求職之路：

所需的金錢和時間

● 你需要獲得什麼技能和經驗才能滿足目標職務的最低要求？

- 你需要多長時間才能養成職務需求，並且需要花費多少錢？你願意花時間和金錢來獲得必要的經驗嗎？
- 如果你能夠達成預設的改變，是否目前的薪水必須減薪？如果是，你是否建立了所需的財務跑道，使求職之路可行？這種行動會得到親人情感上的支持嗎？

競爭優勢

- 你是否有任何有價值的技能，可以轉換到目標職務中？
- 你是否有任何特殊的關係，可幫助你入門或降低轉換時間？
- 前同事或其他與你類似職位的人（同公司或競爭對手），是否亦曾轉換到此類職務？

➖ 將會是什麼？

將留下來的潛在可能職務，縮減為一兩種。範圍縮小後，請填寫表 9.1（表格亦可在本書網站取得，見 www. workyourmoneybook.com）：

- **優先順序**：排出你前一二名的職務優先順序，在「職務 1」中寫下你的首選職務，在「職務 2」中寫下第二選擇。
- **需要的新技能**：如果你目前所有技能和經驗還不足以滿足所有的要求，請列出所需要掌握的技能，讓自己成為一個有競爭力的候選人。

- **需要的時間**：列出培養新技能和經驗可能需要的時間。

- **需要的資金**：估計任何技能所需的培訓費用。

- **測試你是否喜歡這條路的小方法**：你可參加計畫、活動、
  培訓或志工服務機會，以收集更多數據，想清楚自己是否
  真的想要每週做這份工作 40 個小時以上。把任何想法都
  寫在這一列。

- **六個月內求職成功是什麼樣子？**：想一想，從現在開始六個
  月之後，達成每一條求職之路實際的里程碑。你會對什麼樣
  的結果感到滿意？以一個小轉換來說，你可寫下你希望在六
  個月內找到一份新工作。對於較大的轉換，你可寫下希望完
  成特定的培訓，把可能存在的任何技能缺口填補起來。

- **一年內成功是什麼樣子？**：與上述情況類似，從現在開始
  一年後，達成每一條求職之路，會是什麼樣子？

表 9.1：潛在工作職務的優先順序

優先順序	職務 1	職務 2
職務名稱		
需要的新技能		
需要的時間		
需要的資金		
測試你是否喜歡這條路的小方法		
六個月內求職成功是什麼樣子？		
一年內求職成功是什麼樣子？		

步驟 4：填補技能缺口

現在你已將職務範圍縮小為一兩種，如果有需要，可以開始研究如何增加新技能和新經驗。好消息是，除了碩士學位課程以外，如今想要學習新技能變得更加容易，對你也更快、更便宜。但學習只是成功的一半。奧古斯丁說：「重要的是能夠特別展現出你能夠如何應用新技能。在目前工作場所之外，進行這個練習最簡單的方法之一，就是透過技能性的志願服務，可洽詢你有興趣的非營利組織或校友會。」

選擇 1：目前公司的學習機會

獲得新技能的最有效方法之一，可能就在你的眼前──也就是利用你目前雇主提供的資源。你可以藉由下列方式獲得目前工作的學習和培訓機會：

● **課程和網路研討會**：有些公司會提供各種主題的隨選和直播課程，包括 Excel、PowerPoint、數據分析、寫作甚至程式設計。其他公司可能會全部或部分補貼外部課程費用，特別是如果你能夠建立一個商業個案來說明，為何這些課程可提高你目前職務的效率。

● **團隊內的計畫**：思考你是否可以承擔目前職務中的計畫，以幫助你建立新工作所需的技能。你是否可以填補團隊內

的任何空缺，或者你能承擔的計畫使你可建立新技能，並使主管的生活更輕鬆？

● **團隊外的計畫：**你還可藉由協助公司其他團隊完成分配任務，以建立所需的技能。此類計畫還可使你擴展人脈網並提高知名度。在過程中，你將能做好準備，在目前公司中把自己放到更理想的職務上。

選擇 2：公司外部的學習機會

只需一點點搜尋和創造力，你就可以在公司外部找到建立工作技能的機會。特別是，你可以藉由下列方式獲得學術和實戰培訓：

● **個別課程：**線上和離線課程，使你能夠在短時間內（通常價格合理）培養職務或行業所需的技能。儘管這些課程可能不會讓你拿到了不起的哈佛 MBA，但你仍然可以在履歷表中一一列舉出來。這些課程會向雇主傳遞訊號，顯示你是一個努力工作、主動積極的人。許多機構和大學也提供專門領域的專業認證，可幫助你提高競爭優勢。你可以藉由許多資源找到課程機會，包括 General Assembly、可汗學院（Khan Academy）、Udemy、Coursea、大專院校以及特定行業的協會和出版品。

● **志願服務：**藉由在非營利組織或社區組織進行志願服

務，你可以免費發展新技能並獲得實際工作經驗。例如，如果你想發展自己的行銷技能，則可向當地慈善機構提供每週幾個小時的免費諮詢服務。志願服務還可使你與嚮往領域中經驗更多的人聯繫和學習。Catchafire、VolunteerMatch、All for Good、Create The Good 可幫助你找到適合的機會。

- **碩士學位課程：** 在某些情況下，註冊研究所課程是合理的。在一些領域，例如法律、醫學和教學，會需要碩士學位。如果碩士學位不是轉換職業或工作所強制必要的，你絕對要很清楚，碩士學位不能幫助你達成任何目標。請務必權衡收益和花費，包括申請學校和上學所需付出的時間。你也可考慮「試讀」研究所，註冊預定學位相關的線上或實體課程。

就位，預備，開始！

將可能的工作職務縮小到一到兩種，並開始獲得新的技能和經驗，你已經完成了許多成功找工作所需的困難預備事項。在下一章中，你將能借力使力，運用在本章中做過的許多練習，來辨識、應用和鎖定工作機會。

第 10 章

付諸行動換工作

　　有了扎實的戰略計畫，改變工作所需的許多困難工作就拋在你身後。現在，一切都要付諸執行——接下來需要找工作和應徵，有效定位自己，面試和評估錄取的工作。

　　但首先，警告你：即使在策略上將焦點集中在一兩條求職之路上，轉職經常需要很大的耐心。根據 2018 年 10 月美國任仕達（Randstad USA）人力資源公司的調查，求職者平均需要五個月才能找到新工作……這還只是平均值[①]。

　　「有許多無法控制的因素，會影響你找工作的時間，包括就業市場狀況、產業發展和運氣，」TopResume 職涯專家阿曼達・奧古斯丁表示，「好消息是，有許多策略可用來定位自己，

成為更合格的候選人，同時還能夠減少求職時間。」

在本章中，你將學習許多行之有效的策略，這些策略幫助你盡可能有效果又有效率地找工作，而不會犧牲你認定的職業優先順序。有信心了嗎？現在就開始吧。

確認和應徵工作機會

有三種主要方法可確認符合你的興趣和技能的工作機會：提出求職申請，與招募人員互動以及建立人脈。由於每種情況並沒有最適合的單一求職策略，因此我建議你在最初三個月使用所有策略，觀察哪種策略最適合，然後根據狀況調整求職活動。

現在讓我們花點時間回顧一下各種找工作的技巧，包括潛在的利弊。

━━ 提出求職申請

你可以藉由搜尋和應徵線上公開發布的工作職缺，輕鬆開始找工作。如果你想找完全與自己的技能和過去經驗完全符合的職務，這種方法特別有效。

儘管線上應徵工作就像點擊按鈕一樣簡單，但實際上獲得

答覆卻可能很困難。Glassdoor 發現，發布一則工作職缺，平均可吸引 250 人應徵，卻只有四到六個人獲得面試，最後一人拿到工作 [②]。由於這些挑戰性的機會，奧古斯丁建議每週至少應徵五份可能適合的工作。你的應徵履歷應該為每個職位量身打造，並結合職位說明中的關鍵詞，以通過求職者自動追蹤系統的篩選。我們將在本章稍後討論實際的方式。

與招募人員互動

在我們找新工作時，第三方招募人員會是寶貴的資源，因為他們通常能夠讓你與雇主直接聯絡，同時還可以分享行業見解和職業搜尋重點，使你成為知識更豐富，更具競爭力的候選人。在管理層級或特定行業中找工作的求職者，會發現招募人員特別有用。在嘗試招募人員這個方法時，奧古斯丁建議，在你目標行業或工作職責獵人頭的招募人員，你每週可與其中三到五名新人聯絡。

建立人脈

建立人脈可能是這三種方法中最有效的策略，因為你可能會發現尚未公開的工作機會（又稱為「隱藏的就業市場」），同時還可能使你繞過自動履歷篩選系統。事實上，LinkedIn 全球市場行銷總監暨職涯專家布萊爾・迪森布蕾表示，員工推薦的求職者，獲得錄用的可能性要高 9 倍。

　　雖然建立人脈可以為你帶來非凡的效果，但此策略確實需要耐心和恆心。特別是，定期建立人脈最為成功。這就是為什麼奧古斯丁建議你每週都要抽出時間專心建立人脈，例如參加行業活動，以及與你有興趣的職務或公司中的人員建立新關係或再度聯絡。建立人脈的過程也可能需要財務費用，你需要將這個因素納入預算。

有效定位自己

　　艾瑞克・萊斯（Eric Reiss）在著作《精實創業》（*The Lean Startup*）一書中說，不是要將自己推銷給百萬個人，只需要推銷給一個人就夠了 ③。雖然這個建議針對的是企業家，但我認為求職者也可以從萊斯的話中學到很多。

　　特別是，你可有條有理說明自己為什麼是值得考慮的職務候選人，並量身訂做每份工作的履歷，改善個人面試的簡介。

▬ 講清楚

　　在編寫履歷時，請儘量能夠讓人事主管或招募人員更容易了解你的經驗、資格和工作目標，為什麼特別適合某個職位。換句話說，要幫你的未來可能雇主搭橋，不要讓他們猜測是誰、是什麼、哪裡、何時以及為何。如果你要轉行，這一點尤其重要。

當我想轉換產業時，我犯過的一個大錯，就是不能用容易理解的方式呈現我的履歷，進而引起未來可能雇主的共鳴。以下是一個實際案例，這是當時我在履歷表中實際寫下的句子，描述我在財務領域的日常職責：

- 分析應用於交易的所有貸款等級和資產負債表。領導抵押品和結構型商品設計團隊，進行現金流量、剩餘款、借款利益、預付款和同類群組違約分析，使交易結構最佳化。
- 利用歐式／百慕達式利率交換選擇權，可撤銷之利率交換，以及各種利率交換，包括固定支付交換、基差交換和固定期限利率交換，以建構和執行風險管理解決方案。

對你來說，這些聽起來像外星話嗎？對未來雇主可能也是如此。

尤其是因為當時我正想要轉行，如果我不用令人困惑的術語，而是用投資銀行業以外的雇主可以理解的日常用語來描述我的職務，我的求職活動原本會更有效。但是，僅憑簡化是不夠的。重要的是要確保未來雇主不僅能夠理解你做過什麼事，還有那些事為何對他們很重要。

撰寫履歷時，如果能依據想要找尋的工作職務，去簡述目

前的工作職務，貼近目標工作的角色，必能獲得助益。首先，
包括自動履歷篩選系統在內，範圍較廣闊的閱讀群眾將能夠了
解你的工作需要做的是什麼。你可能還會發掘未曾發現的寶貴
技能和經驗。以我自己本身為例，當我想要找非金融組織的工
作時，經常看到工作內容裡提到希望擁有專案管理的經驗。一
開始我感到很沮喪。「該死！」我心想著：「我根本不是專案
經理，我的履歷中沒有任何經驗符合這家公司的要求。」但是
後來為了簡化履歷，我重新審視履歷內容並深入搜尋後，我才
意識到，我在執行財務交易時所處理的許多任務，實際上也算
是一種專案管理。事實上，我可轉換的技能比想像要多……我
需要做的只是更深入挖掘。

▬ 量身訂做

　　如果你曾經有過一件為自己量身訂做的衣服，你會知道它
比店家貨架上大量生產的商品感覺要好太多。訂製的衣服要花
更多錢，還要花更多的時間才能拿到，但你會得到完美合身的
結果。你可以用類似的方式去思考履歷，為每個應徵工作量身
訂做履歷，會花更多時間，但與一些平淡的履歷相比，它很可
能會增加你獲得雇主青睞的機會。

　　根據美國求職網站 The Ladders 研究，招募人員平均花費 6
秒鐘確定候選人是否適合某個職務[4]。這就是你的履歷被真人

看到的實際情況。根據 Jobscan 數據顯示，《財富》500 大公司中有 98% 使用求職者追蹤系統，以淘汰不合格的候選人，並管理招募過程 ⑤ 。這些技術經由搜尋符合關鍵字和工作內容資格的履歷，來辨識候選人，排定優先順序。

這就是為什麼不僅要為你所考慮的每種職業生涯製作一份量身訂做的履歷，還要為每個職務也量身訂做履歷，這點非常重要。為此，我建議採用下列分成兩部分的方法：

● **基本履歷**：為你每一種可能的職涯發展，訂定一份基本履歷，你可用來作為應徵任何工作的起點。你最多應該只有兩條可能的職業生涯路徑！

● **需要量身訂做的是什麼**：

　▪ **職責和技能**：根據每份工作內容的敘述和要求，確定最相關的職責和技能，以凸顯你的履歷，並考慮省略不太適用的職責。

　▪ **關鍵字**：將工作內容敘述中使用的關鍵字，與你履歷中的句子進行比較。如果工作敘述與你履歷說明的是相同的工作，那麼則應整合工作敘述裡的一些術語和關鍵字，把過去的經驗轉換成系統和招募團隊所能理解的詞彙，但敘述方式不同。（當然，不要為了去符合工作敘述而捏造技能或經驗。那可是欺騙！）

面試技巧

在確定和應徵工作時，你可能會開始收到面試邀請，這是一個有希望的訊號！為了充分利用這些機會，你可在每次面試前先做好許多準備，邁向成功之路。

研究、研究、研究

對公司、行業和職務進行研究，可確保你對工作機會真正感興趣，幫助你預測可能的問題，並做好準備，就行業和市場動態進行明智的討論。

我鼓勵你運用下列問題，作為研究重點的指南：

產業
- 產業現狀如何？
- 此產業在新聞中是否重複出現一些主題？

公司
- 公司在產業內適合何種領域，聲譽又如何？
- 公司的發展順利嗎？
- 公司正在應付哪些挑戰？
- 人們普遍喜歡在此公司工作嗎？

團隊

- 團隊中有多少人工作？
- 團隊在職務和責任方面如何組織？
- 團隊的主要利害關係人是在內部還是外部？
- 團隊成員通常在團隊中待很久嗎？還是流動率很高？

職務

- 職缺時間已有多久？如果職務已經懸缺很長一段時間，為什麼公司一直沒辦法補人呢？
- 此職務如何勝任多人團隊和公司的交託？
- 此職務或類似職務的全薪大致是多少？基本薪資、獎金和福利等各細節項目如何？

面試人員

- 你將與多少人面試？
- 面試人員是否都屬於招募團隊？
- 每個面試人員在公司和團隊中待了多長時間？他們過去的經歷是什麼？他們有什麼個人興趣？

━ 對「為什麼？」這種問題具有明確的答案

　　「為什麼？」這類問題（會探索你找工作的動機），經常會被職務預備候選人所提出，特別是希望能在職涯中做出重大

改變的人。這些都是很好的問題，讓你能夠知道答案，以便決定這份特殊職務對你的吸引力。

常見要準備的「為什麼？」問題包括：

● 你為什麼要在這家公司工作？
● 你為什麼要加入這個團隊？
● 為什麼你是這個職務的優秀人選？
● 為什麼現在是適合你換工作的時間？

▬ 準備面試人員的問題

在一場面試中，最令雇主沮喪的是，可能的候選人成功答完所有問題，卻沒有提出自己任何問題。面試是雙向的，為雇主和候選人兩者都提供機會，根據各人喜好和優先順序評估對方是否符合需求。提出問題，挖掘更多訊息，可幫助你了解工作的樣貌，因此，如果你得到一間公司的錄用，表示你很可能在工作中取得成功。面試時，自備好問題，也是向面試人員發出訊號，表示你對職務確實有興趣，如果公司發出錄用通知，你很可能會接受。

一些你可以在面試中提出的常見問題包括：

- 對你而言，一個典型的工作是什麼樣子？
- 你最喜歡這份工作的是什麼？
- 你最初為何加入這個團隊？
- 是什麼原因讓你留在團隊中？
- 團隊現在面臨的最大挑戰是什麼？是產業發展、競爭對手還是其他事項？
- 你如何形容主管的管理風格？

　　你應在這些標準問題的基礎上，再建立個人化的問題，以呈現自己的優先順序和關注焦點。如果你發現自己在特定的面試很費力才能提出問題，請回去重新回答前面討論的「為什麼」。畢竟，根據你的回答，可能會發現這份職務對你而言並不有趣。如果是這樣，我仍然鼓勵你參加面試，以便作為磨練個人技能的方法，並可能獲得競爭力——在適當機會出現時，兩者都將為你提供幫助。

▄▄ 練習！

　　小時候我彈鋼琴，父母懷抱著夢想，希望有一天我能到紐約卡內基音樂廳彈奏，實際上我也的確做到了。當我在卡內基音樂廳的時候，我在紀念品店停下來，記得當時看到一件 T 恤，上面寫著：「你怎樣能進入卡內基音樂廳？練習、練習、練習。」

　　這個真理不僅適用於鋼琴，也適用於任何其他活動（包括面試），所有技能都需要練習和經驗，這兩件事是最重要的。

　　所以說，我應該是第一個點出這個問題的人：準備面試常讓人不知所措，特別是如果你已經有一段時間沒有參加過面試。我建議你一開始用條列的方式寫出想要傳達的關鍵訊息。例如，「我在尋求一份更專職的工作，能夠建立我在（某方面）的興趣。」或「我的經驗證明我在（某方面）具有獨到的訣竅。」當我把涵蓋的大致訊息都記錄下來以後，要開始思考把這些訊息融入面試裡，以便回答有可能會被問到的問題。然後，我會回答自己所設定的一組問題和答案，這樣重複三、四次，並且大聲說出來。

　　我發現，每次在演練自己的答案時，不是會注意到可能遺忘的地方，就是答案不太通順的地方。發生這種情況時，我會回去查閱答案的書面記錄，以調整想要傳達的訊息。最後，如果情況允許，我會與朋友或家人進行這些問答交流，並就改善內容和肢體語言方面，徵求他們的回饋。

　　到此為止，我敢打賭，你會覺得這聽起來很像在死背，也許你不想使用這種方式，因為你可能會在面試中表現得像讀稿機。我能理解，事實上，這個方式與死記硬背的確很像，但我

相信你可以解決這個問題。具體的說，我建議你練習用不同的
措詞來傳達你的回應。你的目標應該是傳達整體的想法，而不
是一字不漏地重複你所寫下的訊息重點。這樣，根據面試人員
的風格，你可以調整答案的調性，幫助與人們建立更融洽的關
係，並且回應也更自然。

評估機會

最後當你真的得到錄用機會時，你可能會很想早點確定得
到這份工作，這是人之常情！被需要的感覺很好，尤其是當你
對目前工作狀況感到失志之際。但是，在跳槽前，請確保徹底
評估任何潛在的職務和機會。

你可以運用第 3 章中評估目前工作的架構，來分析你未來
的工作。雖然新工作的數據量比不上你對目前職務的認識，你
應該能夠根據自己的研究、非正式對話和面試，進行定向分析。

我發現一種特別有用的策略，是將目前的工作與未來的工
作一併進行比較分析。你可以表 10.1 和表 10.2 為起點（亦可
見於 www.workyourmoneybook.com），但仍可隨意添加細節
和要點，為自己提供更多的背景資料，包括關於每個工作因素
的利與弊。

表 10.1：目前工作的因素分析

工作因素	解讀	改善工作因素的阻礙
1. 你是否有獲得價值？	你喜歡自己所做的日常工作基本事務嗎？	
2. 你是否有增加價值？	你覺得自己能夠對工作產生影響力嗎？	
3. 你是否有增加個人的市場價值？	你當前的職務是擴大還是減少未來的工作選擇？	
4. 你的職務是否符合個人價值觀？	你的辦公環境、工作時間表彈性和員工福利是否會改善你的整體生活品質？	
5. 你覺得自己有價值嗎？	你覺得從薪資、升遷、工作責任方面得到同等的回報嗎？	

工作比較分析

下列這些額外的問題，可進一步幫助你做出決定：

● 未來的工作必須滿足什麼要求，才能使它比我目前的工作「更好」，並且更接近我理想的工作？例如，必須出現什麼結果，這些結果的可能性如何？

● 如果我接受這份工作，並且表現良好，一兩次晉升後我將升任什麼樣的職務？這些工作的日常需求和犧牲是什麼，我是否願意做出這些取捨？

表 10.2：未來工作的因素分析

工作因素	解讀	潛在的考慮和阻礙
1. 你是否有獲得價值？	你認為你將會喜歡這些日常工作基本事務嗎？	
2. 你是否有增加價值？	你覺得自己將會有能力對工作產生影響力嗎？	
3. 你是否有增加個人的市場價值？	此職務將會擴大還是減少你未來的工作選擇？	
4. 你的職務是否符合個人價值觀？	你認為這個辦公環境、工作時間表彈性和員工福利將會改善你的整體生活品質嗎？	
5. 你覺得自己有價值嗎？	你覺得自己會從薪資、升遷、工作責任方面得到同等的回報嗎？	

● 考慮最壞的情況：如果我接受這份工作，結果卻是個錯誤，該怎麼辦？我的境遇會變成什麼樣子，我能夠應付嗎？最好的情況又是什麼樣子？

　　這個分析應可為你提供一個評估工作機會的架構。即便如此，你當然永遠不可能有 100% 完美的訊息……這是正常的。在某個時候，你必須根據當時的訊息做出明智的決定，然後繼續前進。

再試一下

即使你在工作計畫中花費許多心思和關懷，也可能會在某些時候遇到阻礙。就個人而言，我發現求職過程是反覆發生的：首先，你形成一個假設，認為自己想的是一條可行的道路。然後，你藉由研究、建立人脈並進行新計畫，來驗證自己的直覺。

在一一完成本章列舉的步驟時，你將累積更多的數據，繼續前進或更改路線。你很可能只是因為意識到自己不喜歡某個工作或缺乏從事的資格，而從一條道路走下來。或者，在尋找工作的過程中，目前工作的動態發生變化，改善了你的生活品質，進而使你重新考慮轉換職業。

關鍵是，當你深入研究我們所涵蓋的行動項目時，你應該做好準備，隨時修改原始的找工作計畫。事實上，如果你週期性地花一些時間思考哪些事情進展順利，哪些不順利，哪些需要改變等，那麼你將離自己理想的工作更近一步。

PART 4

財富最佳化

「目標並非在打敗市場，證明我們有多聰明，或變成城裡最富有的家族。目標是要能富足過著我們想要的生活。」

——喬納森・克雷蒙（Jonathan Clements）

我們在想要達成一個特定目標之前，大多數人其實對理財規劃並不感興趣（為什麼呢？）。這些目標通常是以重大生活事件為核心，例如購買房屋，為孩子教育提供資金，或為退休儲蓄。但是，為什麼我們不更經常思考職業相關的目標，特別是思考關於享受工作的重要性呢？在本書這個部分，你將藉由建立全面可行的財務計畫來解決這個問題，有助發展你理想的職業道路。

與我們處理職業策略的方式一樣，首先你要思考你的財務需求和優先事項（除了你的職業目標之外，還可能包括前面提過的一些大筆支出物品）。接下來，你要根據個人不同的狀況，決定何時要實現各個目標，估計每月所需儲蓄的金錢，依照需求建立一份可行的財務計畫，列出目標的優先順序，進行修訂或取消。

一旦你知道自己的財務目標，便已做好準備，進入每個人最喜歡的個人理財主題：投資。本章將概述簡明的策略，以你所設定的

目標和個人風險承擔能力為依據，進行明智的投資。更重要的是，你還將學習如何維護你的投資組合，以便長期為你提供成功的服務。別擔心：我們會堅持簡單的概念，消除那些令人困惑，且可能讓你從前不敢投資的財務術語。

最後同樣重要的是，你將學習如何藉由保險和遺產規劃策略，來保護自己辛辛苦苦累積的金錢。你將更能了解如何選擇醫療保單，你還適合購買哪些類型的附加保險，以及如何確保你的資產現況良好，以維護親人的利益。（對於所有生於千禧年以後的讀者來說，很遺憾地我要告訴你一個壞消息，你已經不年輕了，至少該開始思考遺產規劃了！）

務必到本書網站 www.workyourmoneybook.com 取得本章節相關的練習範例，對你有幫助。現在要來看有趣的東西：讓我們來談談錢，好嗎？

第 11 章

設定目標並釐清目標成本

「現在是買房的好時機嗎？」

　　在幾乎所有我帶領的個人理財演講活動中，我都一定會被問到類似的問題。而且，每次我的回答都一樣：與其試圖抓準市場的時機（這是極端困難的），你應該確保買房子符合個人的時間規劃和需求。

　　本建議適用於範圍廣泛的財務目標。如果我們不花時間明確定義我們的價值觀和目標，很容易就會去追逐醒目顯眼的東西（無論是我們認為「應該」從事的工作類型，還是我們認為「應該」達成的財務目標），而不是做真正適合我們的決定。

　　在本章中，你要製作一份特別針對你個人財務需求的路線圖。首先要釐清幾個不同的財務目標，思考優先事項──就像在 PART 3 開始時所做的一樣，當時你確定了一份「好」工作是什麼。隨著深入研究，你會制定時間表並量化每個目標的成

本，使目標變得更加具體。根據你的儲蓄率、薪資軌跡以及期望的生活風格。最初的財務目標清單可能無法實現，沒關係！你將進一步審視自己的目標，列出優先順序，修改或取消，直到本章末，你會得到確定可行的目標——為你實現理想生活規劃一條清晰的道路。

步驟 1：選擇目標

你想達成什麼目標？回答這個問題的答案，是為自己發展財務目標的第一步。

大多數人的財務目標都著重在建立更堅實的財務基礎（例如，清償債務或儲蓄緊急預備金）或保障長期財務穩定性（例如，儲蓄房屋首付款或退休儲蓄）。與客戶合作時，我喜歡將財務目標分為兩大類：強制性目標和選擇性目標。在你閱讀這一段落時，請寫出這兩大類目標。

➖ 強制性目標

儘管每個人的目標都會因特定需求和想要的而有所不同，但某些財務目標是屬於強制必要性的。如果尚未達成下列目標，則應列出並確定優先順序：

- **儲蓄緊急預備金**：如果你沒有預備三到六個月的生活費現金，那麼你的目標清單應該列入儲蓄緊急預備金。雖然三到六個月是建議標準，但你可能會希望存得更多。我合作過的客戶，有些想要保留多達十二個月的生活費，因為這會讓他們心裡覺得安穩。你想要儲蓄的金額取決於工作穩定程度、收入固定程度，以及你會覺得舒服的每日基本金額。通常，你的工作和收入愈不穩定，你愈想儲蓄更多的緊急預備金。

- **清償高成本債務**：如果你沒有每月清償信用卡餘額，並且還有其他未償還的高成本債務（例如個人貸款），那麼你應該在目標清單中列入排除此項債務。

- **儲蓄退休金、財務自由、總體生活寬裕程度**：無論你是將此目標視為退休金、財務自由，還是僅為總體生活寬裕程度，盡早為這些目標保留資金，這通常可使你養成良好的習慣，降低你的支出率，讓你的錢從長期增長中獲益。如果你在一家公司工作，雇主也可能對你的退休金帳戶有所貢獻。你沒看錯——許多雇主會根據你提撥薪水的百分比，將錢存入你的退休帳戶。這有點像是根本不需要提出要求或談判即可加薪。這真是太簡單了！

選擇性目標

你的選擇性財務目標將由個人喜好決定。我喜歡將選擇性

財務目標分為幾個小類：

- **專業和教育目標：**與職業相關的目標（例如，新創事業，開展副業），或包括改善人力資本的目標（例如，上研究所，參加個人致富課程，加入人脈引薦組織）。務必請回顧你在本書 PART 3 中完成的傑出工作，以確認你的工作目標以及這些目標的潛在成本。

- **中型儲蓄目標：**不到五年即可實現的目標（例如，購買汽車，存錢辦婚禮，為度假儲蓄，捐贈慈善機構，預付房屋和學生貸款）。

- **大型儲蓄目標：**可能需要五年或更長時間才能實現的目標（例如，購買房屋，儲蓄孩子的教育基金）。

我是否該存錢買房子？

我有許多理財規劃的客戶在第一次見面時便告訴我，想要存錢買一間房子。人人當然會都這麼想——畢竟擁有房子是美國夢，對吧？但現實卻沒那麼簡單。事實上，根據你的情況，有時租房比買房更合理。所以我會問客戶三個問題，幫助他們決定是否應將購買房產列入財務目標中。

- **你有能力買嗎？**首先最重要的是，買房子必須要在財務上是

可行的。買房前，你需要足夠的儲蓄，才能支付預付款、過戶費，還能留下額外的錢作為緊急預備金。後續的基礎則是，你需要負擔所有的房屋款項（例如，房貸、屋主保險、HOA屋主物業管理費和房產稅）應低於你總收入的 28%，如果你還有其他債務，則房屋和其他債務貸款總額應低於你總收入的 36%。你的信用評分也很重要——通常，信用評分愈高，你愈有可能獲得較低的房屋抵押貸款利率。

● **你應該買嗎？** 大多數房地產經紀人和理財顧問（包括我自己）建議，根據經驗，除非你認為自己將在同一間房屋中居住至少五到七年，否則租房可能會更好。你的時間安排很重要，因為在買賣房地產時涉及大量的「摩耗成本」。較長的投資期間使你有更多的機會，使你的房屋價格升值能夠變現，以抵銷任何交易成本。思考你的就業保障，以及你打算換工作或追求更高學位的計畫，這可能會對你的投資期間產生重大影響。

● **你想要買嗎？** 無論你是否有能力或應該買房子，你還需要考慮其他財務目標相關的購屋提供資金所需的儲蓄額。我們大多數人的現金流量有限，某些目標需要放在其他目標之上。在第 3 步驟中，你將藉由練習，決定哪些目標對你來說最重要。

步驟 2：規劃路徑

　　一旦你確定想要什麼，下一步是釐清你想在何時實現自己的目標，以及每個目標的成本是多少。你可以到網站 www.workyourmoneybook.com 找到目標範例加以運用，或自己建立一個範本來做這個練習。無論是哪一種，你要確定的項目如下：

- **目標：**標出你想要實現的目標，無論是購買房屋，儲蓄緊急預備金，還是上一節所列出的任何其他目標。
- **前期總費用：**確定每個目標的花費是多少。對於大多數目標，你應該能夠根據一些網路搜尋來估計成本。對於長期目標，例如為孩子的教育或自己的退休儲蓄，請利用線上試算器，將估計的投資收益和通貨膨脹結合在一起，以得出總成本和每月所需的儲蓄。
- **時間表（以月為單位）：**決定你何時想要或需要實現每個目標。

表 11.1：財務目標設定範本

目標	目標 1	目標 2	目標 3	合計
(1) 前期總費用				
(2) 時間表（以月為單位）				無
(3) 實現目標的現有儲蓄				
(4) 每月需要的儲蓄金額 (1-3)÷2				

- **實現目標的現有儲蓄**：如果你已經開始為目標儲蓄資金，請寫下你所保留的金額。

- **每月需要的儲蓄金額**：計算你每月需要儲蓄多少，才能實現列表上的每個目標。為此，請從目標的前期總費用中減去你為目標保留的現有儲蓄額，然後將所得結果除以為目標儲蓄的月數。例如，如果目前是 2019 年 12 月，你要儲蓄 2020 年 12 月的 12,000 美元度假費用，大約有十二個月的時間來實現目標——也就是說，你每個月需要儲蓄 1,000 美元才能達成目標（假設現在你沒有預留任何儲蓄）。

如何計算購屋儲蓄金

我最近與一對年輕夫妻合作，他們希望未來五年內能在紐約曼哈頓購買 700 平方英尺的一房公寓。我的客戶瑪麗（Mary）和卡爾（Carl）過去八年一直都租房子，同時試圖累積足夠的儲蓄來支付頭期款。我們確認房地產儲蓄需求的這個過程，可適用於任何市場。

首先，我們在網路上查看公寓待售清單，這樣他們可以了解，在不同價格帶所能購買的房屋類型。瑪麗和卡爾立刻同意，他們寧願有較大空間而不是住在一個「吸引力」的地區—— 因此，他們從可能的住宅區名單中剔除了曼哈頓市中心。倆人也意見一致，認為有管理員和電梯是很好，但就他們的情況或生活方式來

說並不是真正有必要的——因此他們淘汰了具有這些公共設施的建築物。在考慮過其他幾個因素後，他們同意將目標定位在曼哈頓中城或上城的無電梯式公寓，根據目前的市場平均值，五年內的新成屋售價約為 50 萬美元，加上每年 2% 的通貨膨脹率。

接下來，你可參考表 11.2，我們要跑一些具體數字。卡爾和瑪麗想要設定目標為 20% 的頭期款（即 100,000 美元）。基於整個購屋計畫目的，他們認為還需要支付 6% 的交易費用，即 30,000 美元。為了計算他們每個月總共要存多少錢，我們計算了目標的總費用（13 萬美元），並減去他們為購屋保留的所有現金存款。藉由租房，卡爾和瑪麗已為頭期款儲蓄了 30,000 美元，因此他們只需要再儲蓄 100,000 美元。然後，我們將卡爾和瑪麗剩下所需存的錢（100,000 美元）除以到時候需要用錢的月數（六十個月）……總計 1,667 美元。

表 11.2：購買一房公寓所需的儲蓄金

目標	在曼哈頓購買一房公寓
(1) 前期總費用	130,000 美元 （100,000 美元首付款 + 30,000 美元交易成本）
(2) 時間表（以月為單位）	5 年（60 個月）
(3) 實現目標的現有儲蓄	30,000 美元
(4) 每月需要的儲蓄金額 (1-3)÷2	1,667 美元

步驟 3：完善計畫

　　列出所有目標和每個目標的花費後，看一看未來幾年你為所有目標提供資金所需的每月總儲蓄額。將前面第 4 章和第 5 章計算過的每月儲蓄和為了實現目標所需的月儲蓄相比較，你每月需要儲蓄的總金額，遠遠超出你可動用的金額嗎（即使換了工作，也一樣多得多）？如果是這樣，請不要驚慌──你可使用多種策略來達成這些數字。依照困難程度，你的選擇包括：

- 排出目標的優先順序。
- 調整目標的時間表。
- 調整某些目標的花費。
- 排除某些目標。
- 重新檢討你的開銷。

▬ 選項 1：排出目標的優先順序

　　在本章一開始，你有機會在沒有實際限制的狀況下釐清一些財務目標。現在，我希望你仔細檢視列出的目標，並進行下列分類：

- **必備：**這些是為了確保財務安全所必須實現的目標──沒有任何例外和不確定。這些必備的目標，應包括我們前面

檢視過所有適用的強制必要性目標，包括儲蓄緊急預備金，清償高成本債務，以及為退休或財務自由的儲蓄。你還可以根據個人價值和需求，將列表中其他一些財務目標歸類為「必備」。例如，與工作相關的目標便可歸類於此。

● **提高生活品質**：提高生活品質的財務目標，是你可以犧牲，但不會實質影響你生活的穩定程度或幸福感。這些目標可能包括購買房屋，購買新車，為渡假存錢等。

將你的目標分為必備和提高生活品質兩類，請累計這兩類各別所需的每月儲蓄額。你是否為必須實現的目標，還有一些提高生活品質的目標，保留足夠的儲蓄？如果沒有，請繼續閱讀，有更多策略可供你用於制定可行的計畫！

▰ 選項 2：調整目標的時間表

起初，我們假設你今天就要開始為所有財務目標進行儲蓄。但是，你可以根據一些目標的優先順序，變更時間安排，以創造更可行的計畫。假設你一開始希望建立一個緊急預備金，用來還清信用卡債，並在接下來的三年內存錢購買房屋。如果這個計畫並不可行，不妨調整時間，明年先存錢，實現最高優先的目標（亦即，建立緊急預備金和還清信用卡債）。等到這些目標都達成以後，就可以將所有儲蓄轉為用於房貸頭期款。

以我的客戶科瑞（Corey）和漢娜（Hannah）為例。剛開始合作時，他們告訴我，他們的主要目標是為退休、子女教育和購屋儲蓄，因此預估每個月需要存 3,000 美元才能為自己的目標提供充足資金。問題是，科瑞和漢娜每月只存 2,000 美元。為了彌補差距，我們討論了各種不同的選擇。換一個要求更高、薪水更多的工作，可以填補差距，但這樣一來，就不符合他們理想的生活方式或工作興趣。他們也不想拿有限的閒暇時間賺取額外的現金。後來，我們根據第 5 章所討論的策略，探討他們是否可以刪減現有的任何其他支出，但早在這之前，我們已將他們的情況最佳化了。

考慮到這些限制，我與科瑞和漢娜一起調整了他們的計畫時間表。他們決定購買房屋的時間可比其他目標更有彈性。結果，他們同意近期內先把焦點放在儲蓄大學和退休金，然後隨著薪資的增加，再將錢用於房貸頭期款。

● 選項 3：調整某些目標的花費

另一個建立可行性理財規劃的有效策略，是調整屬於提高生活品質的較大目標成本，例如存錢買房子、買汽車以及為子女的教育費用儲蓄。在前面的例子中，瑪麗和卡爾原本想在五年內購買 500,000 美元的房屋，但可以說他們無法獲得所需的數目。藉由放棄某些公設，他們能夠將目標轉而放在 400,000

美元的房屋，把目標頭期款從 130,000 美元降到 104,000 美元。

對我的許多客戶來說，為孩子的大學教育儲蓄是熱門的話題。一開始客戶可能假設要資助四年制私立大學的全部費用，但是在考慮其他目標後，有些人決定縮減為供應私立大學的一半費用，或是改成全額資助公立大學的費用。

▬ 選項 4：排除某些目標

喬伊・葛雷斯通（Joey Gladstone）是九〇年代情景喜劇《歡樂滿屋》（*Full House*）中的一個角色，他常說的口頭禪「省省吧！」（Cut it out）① 會讓觀眾哄堂大笑。如果使用了我們討論過的其他策略之後，你的計畫仍不可行，可以在某些財務目標上，運用那喬伊聽起來意外有智慧的口頭禪。

例如，在本章一開始的時候，你讓夢想自由發揮，存錢買一間渡假屋可能聽起來是個好主意。但你可能會半途而廢放棄這個特定目標，畢竟一年只會到墨西哥坎昆（Cancun）幾個星期，不如把現有債務還清。這可能是重複的過程，透過檢視，你會確定是否有任何目標是不必要的。

▬ 選項 5：重新檢討你的開銷

該說的說完，該做的也都做盡，你的目標花費卻可能還是

比每月儲蓄要高。如果是這種情形，我勸你再回去參考第 4 章和第 5 章——提供模擬和削減開支的指導。請仔細研究這些花費，確認可以減少哪些費用，以實現你的財務目標。

快達成目標了嗎？

藉由制定可行的理財規劃，其中包括你的目標，以及實現目標的時間表，你將邁出第一步，讓你的價值與你花錢的地方，兩者能夠達成一致。

在平時日常生活中，制定理財規劃，可幫助你明白自己的決定，同時也可為你儲蓄更多的金錢。另一個好處是，你比較不可能因為別人把錢花在什麼地方而受到干擾，或出現 FOMO（錯失恐懼症）。

擁有一套可行的目標，你已做好進入投資領域的準備。在下一章中，我們要來討論如何使你的錢長大，以實現目標和優先事項。

第 12 章

關於投資你需要知道的事

我在金融界工作時，經常與和我有很多共通興趣的兩位同事一起共進午餐（興趣包括：老式的任天堂遊戲、匹茲堡企鵝冰球隊和切片披薩店）。我們通常會盡情討論這些主題。但我記得有一個下午，談話進入投資領域。

「哇，我今年在能源股上賺了好多錢。」一位同事說。「對啊，能源股漲很多。我還買了一些槓桿 ETF，我認為會大賺一筆。」另一位同事吹噓說。然後他轉頭朝向我。「你怎樣，羅傑？最近你投資什麼？」

我對這場談話並沒有什麼實際貢獻——當時我有的不僅是很小的投資組合，而且不記得持有的少許股份是什麼，還有為什

麼挑這些標的。我覺得自己有點像電影《回到未來》（*Back to the Future*）中馬帝‧麥佛萊（Marty McFly）問布朗博士（Doc Brown）：「什麼是兆瓦（gigawatt）？」① 只不過當時掠過我腦海的疑問是「ETF究竟是什麼？」似乎人人都比我更懂投資，而且不知為何總能挑到成功的投資。因此我沒有正面回答同事，而是胡扯了一堆廢話，然後快速將話題轉為討論起紐約市最好吃的漢堡店。

　　長久以來，投資一直讓我壓力爆表，因此我經常試圖忽略它的存在——儘管我偶爾會變得很積極，嘗試到網路上自學。我會到 CNBC 上讀幾篇文章，然後前往 Bloomberg 瀏覽更多內容。但是讀完以後，我發現自己變得比從前更加困惑。儘管在極少數的情況下，我仔細地讀懂了那些充滿金融術語的報導，我還是不知道該如何將所讀內容應用在自己身上。最糟糕的是，我難免地會偶然看見一篇預測股市可能快要崩盤的文章，然後嚇到什麼也不做、拖著不處理。這種經驗讓我特別沮喪，因為我覺得我應該能夠理解這些投資玩意。我的意思是說，畢竟我好歹也是在金融業界工作！

　　自從那些桌上擺著一片冷掉的約翰老爹（Papa John's）披薩，沒日沒夜在網上搜尋的日子以來，我已經有很大的進步。（我知道你在想什麼——我自己都不敢相信，紐約市明明有那麼多好披薩，我卻只買約翰老爹。）如今我所懂得的，會令當時的

我感到震驚——也就是投資根本就不困難！事實上，許多金融專家和權威都企圖使投資變得很複雜，這不外乎是為了讓他們顯得很聰明，不然就是為了嚇唬你，讓你依賴他們的服務，再不然就是為了掩蓋他們可能沒有完全掌握投資概念的事實。

在本章中，我要開門見山，將你需要了解的投資知識，需要明白的原因，以及如何應用於個人情況，一一化繁為簡，不再有無謂的細節，或是以前那些令你看不懂的術語。

為什麼投資具有強大的力量

我在第 5 章中曾說過，對你職業生涯早期的財務收入造成更大影響的，是儲蓄而不是投資。但這並不意味著及早開始投資不重要。當你的投資組合還很小時，雖然投資收益不會對你的生活品質產生重大影響，但及早開始儲蓄和投資有助於養成良好的習慣，並使你可在較長的時間中獲得複利效益——意思是說，除了你從最初投資中賺取的收入外，還可以利上加利。

複利就好比從山坡滾下來的雪球。雖然一開始雪球很小，滾了幾圈後會逐漸增長，但在某一刻，它會獲得動力並明顯變大。山坡愈長，雪球可以累積的雪愈多。同樣地，你投資的時間愈長，你能賺的錢愈多。甚至愛因斯坦（Albert Einstein）也有感

於複利的神奇威力，而稱其為「世界第八大奇蹟」。

　　舉例來說，假設你將 5,000 美元存入一個年複率 5% 的投資帳戶，之後不用再存入任何錢。如表 12.1，投資一年後，你的 5,000 美元投資收益為 250 美元（5,000 x 5%）。在接下來的每一年中，你的投資報酬不僅是 250 美元——你從最初投資5,000 美元中賺取 5%，也從每年的所有投資報酬中再賺取 5%。（假設你每年將這些報酬再度投入）。這樣一來，第二年的報酬就會略增 13 美元（是前一年 250 美元投資報酬的 5%），十五年後，先前投資收益的報酬，幾乎會相當於你期初投資的報酬！

表 12.1：期初投資與利上加利的收益比較

年	期初餘額	期初餘額的投資報酬	先前投資收益的投資報酬	期末餘額
1	5,000 美元	250 美元	0 美元	5,250 美元
2	5,250 美元	250 美元	13 美元	5,513 美元
3	5,513 美元	250 美元	26 美元	5,788 美元
4	5,788 美元	250 美元	39 美元	6,078 美元
5	6,078 美元	250 美元	54 美元	6,381 美元
10	7,757 美元	250 美元	138 美元	8,144 美元
15	9,900 美元	250 美元	245 美元	10,395 美元
20	12,635 美元	250 美元	382 美元	13,266 美元

表 12.2：各種投資組合建立的財務跑道月數（年度）

投資組合餘額	投資報酬率 5%	財務跑道月數 （以 100,000 美元生活費為準）
5,000 美元	250 美元	0.06
50,000 美元	2,500 美元	0.03
500,000 美元	**25,000 美元**	**3.00**
5,000,000 美元	250,000 美元	30.00

雖然你可能不會對每年 5,000 美元賺 250 美元感到興奮，但是看看你的絕對投資報酬如何隨著投資組合的增長而變多（見表 12.2）。當你的投資組合達到 500,000 美元，5% 的報酬每年將帶來 25,000 美元的收益，對於一年花費 100,000 美元的人來說，等於三個月的財務跑道。這是一筆不小的數目，不必動動手指或被迫努力工作就能得到。換句話說，隨著你投資組合的增長，就像是家族多了一位不存在的慷慨富大叔（至少我曾有過這樣的遐想）。

投資的關鍵因素

許多不同因素都會影響你的投資報酬率（例如：你賺多少錢），其中一些因素的影響要大於其他因素。然而，這些因素實際上只有少數幾個在你的掌控之中。

● **資產配置**（Asset Allocation）：你的投資內容。
● **資產放置**（Asset Location）：你把投資放在哪種類型的帳戶中。
● **費用和支出**：你需要支付多少投資費用。

讓我們一起來檢視這三個因素，了解它們是什麼，會如何衝擊你的投資報酬，以及面對這三個因素，該如何考量你的投資組合，採取應有的行動。

你的投資內容（資產配置）

基本資產類型

儘管你可能無意中發現許多投資類型和工具，但讓我們先關注這三個最常見的類型：現金、債券和股票。

首先我會談現金，因為這是最簡單易懂的資產，也是你最熟悉的資產。現金只是支票或儲蓄帳戶中的貨幣，或其他類似於現金的投資，例如存款證明（CD）和貨幣市場基金。

債券是對公司的貸款

債券是公司用來借錢的金融工具。如果你購買債券，實際上等於是在貸款給一家公司。投資債券的財務利益是，你可以收到的貸款利息。例如，假設你借 100 美元給 Junebug Inc.,

公司同意在一年內支付你 106 美元。除了原始的 100 美元貸款之外，你獲得的額外 6 美元，代表利息支付或你身為投資人的財務利益。

股票是對公司的部分所有權

股票代表對公司的部分所有權。如果你購買股票，可藉由賣股票來獲得財務上的利益──當然，前提是股價上漲。

同時，股東有權藉由股利和股票回購，獲得公司部分資產和利潤。股利是從公司利潤中支付給股東的款項。回購股票正如其名，就是公司以目前價格回購公開市場中現有股票，進而降低公司的整體股份數量。回購股票會增加剩餘股票的價格，因為現在每股股票占公司資產和利潤比例更大。所以，如果股東決定賣出股票，將獲得更大的利潤。

公司會依照季度決定保留或分配淨利，並自問：如果剩餘的錢再重新投資到公司中（目的在於業績進一步增長，進而抬高股價），還是以股息或股票回購的形式拿到分配利潤，哪一種獲益較佳？

像 AT&T 這種頗具規模的公司，可能沒有新的或快速成長的計畫來投資剩餘利潤，因此，可能會以股息或股票回購的

形式向股東返還部分資金。另一方面，快速成長的公司（例如 Facebook 和 Salesforce）則可能保留利潤，藉由內部專案和收購進一步擴展業務。

我打賭現在的你在想：「好吧，自作聰明。我知道股價上漲和股息都可使投資人獲益。但是，讓我們來具體分析：如果我決定投資股市，哪種收益是主要的投資報酬？」

雖然沒有標準答案，必須取決於你的具體持股數，但表 12.3 顯示，標普 500 指數中的公司投資人，大部分的報酬來自股價的上漲，而不是股息[②]。

**表 12.3：標準普爾 500 股利和資本增值之間的報酬細目
（年平均報酬）**

期間	股利	資本增值
1950—2017	3.4%	7.7%
2010—2017	2.2%	11.6%

資料來源：J.P. Morgan 資產管理

■■ 仔細研究風險與報酬

現金、債券和股票都各有各的風險和潛在報酬。通常，與可能獲利較小的資產相比，每年可能獲利較大的資產被認為「風險較高」。

現金、債券和股票，通常具有下列的風險和報酬特徵：

● **現金**：風險最低（收益變化最小），但報酬最低。
● **債券**：比現金風險大，但不如股票風險大；通常報酬高於現金，但低於股票。
● **股票**：風險最高的資產類型（收益變化最大），但通常具有最高預期報酬。

為了提供實際的數字，根據表 12.4 統整先鋒集團（Vanguard）所做的一份分析，運用代表廣泛股市和債券市場的指數，顯示各種股票和債券組合的最佳、最差和平均年報酬。

表 12.4：不同股票和債券組合的投資報酬（1926-2018）[3]

股票和債券組合		最高年報酬	最低年報酬	平均年度報酬
股票 100%	債券 0%	54%	-43%	10.1%
股票 80%	債券 20%	45%	-35%	9.4%
股票 50%	債券 50%	32%	-23%	8.2%
股票 20%	債券 80%	30%	-10%	6.6%
股票 0%	債券 100%	33%	-8%	5.3%

資料來源：改編自先鋒集團，四捨五入化為最接近的整數百分比。

讓我們仔細看看從 100% 的股票投資組合（表 12.4 第一列）。從 1926 年到 2018 年的分析期間，你會注意到，這個投

資組合在單一年度的報酬為最高54%，但單一年度也有最大的損失－43%！即便如此，然而從長遠來看，這種全部股票的投資組合的平均平均年度報酬率最高，超過10%。

現在，將注意力重新放到100%的債券投資組合（表12.4最下列）。在分析期間的所有投資組合中，這個投資組合的平均年度報酬率最低（5.5%），但單一年損失的資金最少（－8.1%）。

這說明了什麼呢？**一般來說，隨著你在投資組合中增加股票的百分比，你的年報酬率將可能出現較大的波動性。**

讓我們將這個概念用在現實生活中。假設你有100,000美元可投資在想要的任何類型資產。如果你將所有錢都投入到股票中，很可能一年後會獲利154,000美元（報酬率54%）；但是，你也可能只剩下57,000美元（報酬率－43%）。另一方面，如果你將所有錢都投入債券，在最樂觀的情況下，年終將獲利133,000美元（報酬率33%）；但是在最糟的情況下，你卻可能會損失8,000美元，只剩92,000美元（報酬率－8%）。

然而有趣的是，當我們開始研究不同的持有期（持有股票或債券的時間），這些結果卻會改變。在2018年的一項研究中，JP Morgan摩根大通資產管理分析了一年、五年、十年和

二十年持有期間的股票和債券平均年報酬率 [④]。這項研究的發現如表 12.5 所述。

表 12.5：不同持有期間的投資報酬（1950-2017）

股票和債券組合	最高年均報酬	最低年均報酬
股票 100%｜債券 0%		
1 年持有期	47%	-39%
5 年持有期	28%	-3%
10 年持有期	19%	-1%
20 年持有期	17%	7%
股票 50%｜債券 50%		
1 年持有期	33%	-15%
5 年持有期	21%	1%
10 年持有期	16%	2%
20 年持有期	14%	5%
股票 0%｜債券 100%		
1 年持有期	43%	-8%
5 年持有期	23%	-2%
10 年持有期	16%	1%
20 年持有期	12%	1%

資料來源：改編自 J.P. Morgan 資產管理

　　讓我們再將注意力先放到 100% 股票的投資組合（表 12.5 第一列）。你可能會注意到，儘管這些投資組合的報酬在一年持有期內變化劇烈（與先鋒分析相似），但隨著持有時間的延長，波動性卻急速下降——這對投資人有利。特別是，如果你看表中五年期和十年期的部分，會發現全股票投資組合的平均

年度報酬率高達 20% 到 30%，僅在某些時期每年平均損失 1%
到 3%。最後，你再看表中呈現二十年持有期的部分，你會發現
全股票投資組合的年度平均報酬完全沒有負值——最低的年均
報酬率為 7%，最高的年均報酬率為 17% ！

要記住的是，股票並不壞也不可怕。儘管股票每年可能產
生的報酬正負範圍廣泛，但隨著你的持有期間變長，平均報酬
率的波動性會降低——從平均年報酬率的角度來看，投資股票
的下跌風險，可在較長的持有期間內最小化（但請注意：在此
過程中，你仍然會遇到報酬率高低起伏的狀況）。

▬ 個別持股與多元化投資組合

好的，現在讓我們復習一下到目前為止討論過的內容：債
券是對公司的貸款，股票等於對公司的所有權。股票每年的投
資報酬率波動要比債券大得多，但是經過很長一段時間，股票
產生的平均報酬率通常要比債券高。

既然你已經掌握了基礎知識，是否就該開始根據網路上讀
到的內容，挑選一些個別的股票和債券，放到你的投資組合裡
呢？基於兩個理由，我的回答是「否」。

> 降低多元化 = 波動較大；增加多元化 = 波動較小

　　讓我們回顧先鋒集團的研究，表 12.4 中所統整的關於不同股票和債券投資組合的報酬變異性。這項研究假設你擁有一個多元化的良好投資組合，其中包含數百種不同公司的股票和債券，而不僅僅是單一公司的股票和債券。如果圖中顯示的是單一公司的股票和債券所組成的投資組合，則報酬的波動範圍可能會更大。

　　例如幾年前，如果擁有美國電影訂閱服務 MoviePass 母公司 Helios and Matheson Analytics 的股份，而且公司表現不錯，將可帶給你更多的利潤，但如果公司營運不佳，你卻會損失更多的期初投資。Helios and Matheson Analytics 在 2017 年時的股價為每股 820 美元（導致股票分割），股價最高達到 2017 年 10 月 13 日的 5,100 美元，增加 522%！然而，到了 2018 年夏天，該公司股價已暴跌至幾美分，損失近 100% 的價值。真是瘋狂！

　　另一方面，假設你的投資組合中有一些投資在許多不同的公司。有些公司的營運不錯，有些公司的營運不太好。業績表現強的公司有望超越業績表現差的公司，進而為你的投資組合帶來總體為正的投資報酬。從前面引用先鋒集團資料中 100% 股票投資組合的表現，我們可以看到這種動態結果。儘管投資組合的年報酬率確實存在大範圍的變異（－ 43% 至 54%），但

與我們從 Helios and Matheson Analytics 所看到的相比，此範圍則相對要小得多。

不可能永遠買到賺錢的股票

每個人都有這樣的叔叔或朋友，這些人在適當時機購買了一兩支股票（比如說 90 年代的微軟，或 2012 年的 Facebook），獲得了豐厚的報酬，後來總是不停誇口自己的經驗。聽完他們的故事，你可能會想：「如果我的智障兄弟能夠選到賺錢的股票，我相信我也可以。過去在各方面我都贏過他，所以我當然也可以在這方面贏過他。」

但有一個陷阱，那就是在投資上，大多數人都只談論賺錢的股票。深入挖掘，你可能會發現他們留下了許多未解的問題。當然，他們在 2004 年投資了 Google，但投資了多少錢，又是何時賣出？其他的投資組合怎麼樣了？毫無疑問，他們當然也選到了一些賠錢的股票，但這些股票說起來就沒那麼有趣……所以為了方便，他們就略過了那些細節不提。

如果你要在網路上快速搜尋，按年份列出收益最高的投資類別或資產類別，那麼你會注意到，沒有哪一種投資類別能夠始終獲得最高的報酬。甚至投資類別的排名每年都在變化——某些類別的排名今年高，明年低。試想——如果真的很難預測

何種資產類別在哪一年的收益最高，那麼在一個資產類別中找出賺錢的股票又有多難？答案是：幾乎不可能。

事實上，很少有人能夠選出賺錢的股票，一直持續跑贏市場。彼得・林區（Peter Lynch），管理富達（Fidelity）集團的麥哲倫（Magellan）共同基金近十五年，這是一個罕見的例子。在富達任職期間，他的基金平均每年報酬率超過 29% ——經常超過標準普爾 500 指數報酬率的兩倍以上 [5]。當然，還有華倫・巴菲特（Warren Buffett），他從 1965 年到 2018 年使控股公司波克夏・海瑟威（Berkshire Hathaway）每年平均增長 20% 以上，超過了標準普爾 500 指數不到 10% 的年平均增長率。但其他大多數投資人，包括那些在媒體上被吹捧為「專家」的投資人，卻都沒有那麼幸運。

美國經濟學家努里爾・魯比尼（Nouriel Roubini）就是一個例子，他在 2005 年正確預測美國的房地產市場將在未來幾年內崩盤並引發經濟衰退，這為他贏得了「末日博士」的稱號。不幸的是，魯比尼自從正確預警「大蕭條」以來，已經多次犯錯。其中最令人注意的是，他預測 2012 年或 2013 年將發生另一次大規模的股市修正，卻從未發生過 [7]。相反地，標準普爾 500 指數在 2012 年的報酬率為 16%，在 2013 年的報酬率則超過 32%。

　　女企業家梅瑞迪斯・惠特妮（Meredith Whitney）是另一位預測不太準確的投資「專家」。2007 年，她正確預測花旗集團需要減發股息，因此一舉成名。2010 年 12 月，她參加電視節目《60 分鐘》（60 Minutes），預測 2011 年美國市政債券將有 50 到 100 個重大違約，違約金總計達數千億美元 ⑧——這是一個大膽的預測。但很不幸的，惠特妮的預言大錯特錯。事實上，2011 年市政債券市場表現出色，投資人的報酬率超過 12%。

　　教訓是什麼？儘管人們有時對股市的預測是正確的（無論是技術、運氣還是兩者兼具），卻很少能夠永遠正確。想要預測股票市場，你不僅需要知道要買什麼，還要知道何時購買，以及在正確的時間賣出股票投資——這是件極為困難的事。因此，下次你的叔叔、朋友或電視專家向你提供建議，一定要購買哪些股票，請自問：如果這個人可以預測哪些股票的價值會大幅增加，以及何時會大幅增加，為什麼他們還在做現在的工作？為何沒有用投資的收益，買一座屬於自己的小島悠閒度日？

● 如何運用共同基金和 ETF 有效建立多元化的投資組合

　　到這個時候，你可能會想：如果投資的風險這麼大，我還是不必惹這個麻煩吧，寧願把辛苦賺來的錢存入銀行就好，收

工、結案。與其花空閒時間研究這些東西，還不如和朋友把城裡的披薩店全吃過一輪（或做其他任何事都可以）。

但是，在略過這裡跳到下一章之前，還有另一件事你應該了解，兩種投資工具：共同基金和指數股票型基金（ETF），可以讓你透過購買一個或多個基金來建立一個多元化的投資組合——為一般投資人提供一種有效投資並實現目標的簡單方法。是的，你沒聽錯。

共同基金和 ETF 是向許多不同的投資人募集資金，用來購買股票、債券或其他資產。這兩種類型的基金都向投資人提供：

- 建立多元化投資組合的機會。
- 低成本的選擇。
- 具有跨地域、行業、公司類型和規模進行投資的能力，以及其他選擇。
- 分為被動和主動式管理投資（稍後我們將回來談這一點）。

儘管共同基金和 ETF 有許多相似之處，但在幾個重要方面有所不同。表 12.6 概述這兩種投資工具之間的主要區別。

表 12.6：共同基金和 ETF 之間的差異

	共同基金	ETF 指數股票型基金
最低投資額	最低投資額不同；有些基金的最低投資額為 0 美元，有些則可能需要 1,000 美元或更高的期初投資。	要求的最低投資額等於一股的價格，可能低於 100 美元。
買賣	可在每個交易日結束時買賣一次。	就像股票，可在每個交易日中任意買賣。
交易費用	可能會收取固定交易費用。大多低成本指數共同基金可能並非免費，除非你的帳戶是基金發行商的直接帳戶。例如，以先鋒帳戶買賣先鋒共同基金的費用為 0 美元，但如果買賣先鋒共同基金使用的不是先鋒帳戶，費用可能多達 50 美元。	需根據買賣價差費用的規定，以及經券商佣金的規定。許多 ETF 可能有券商佣金，除非你的帳戶是 ETF 發行商的直接帳戶。例如，以先鋒帳戶買賣先鋒 ETF 的費用為 0 美元，但如果買賣先鋒 ETF 使用的不是先鋒帳戶，費用可能為 10 美元。

▰ 如何在共同基金和 ETF 之間做決定

　　如果你喜歡共同基金和 ETF，如何在兩者之間做出選擇？考慮你的選擇時，下面的速查表會有所幫助。

　　如果⋯⋯你可能要考慮共同基金

- 擁有足夠的現金，達到共同基金的最低要求。
- 不需要全天買賣投資。
- 較喜歡自動執行固定或預定的購買。

如果……你可能要考慮 ETF

- 沒有足夠的現金，不能達到共同基金的投資金額最低要求。
- 注重能夠全天買賣投資。
- 不介意需要手動執行固定或預定的購買。

　　無論選擇哪一種，你都應考慮選擇一家提供低成本，自有共同基金和 ETF 的證券經紀商，例如先鋒、富達或嘉信（Schwab），這樣在買賣商品時就可以避免支付券商佣金。例如，如果你選擇在富達開設帳戶，一般買進和賣出大多數富達共同基金和 ETF 都是零交易費用，但買進和賣出非富達共同基金和 ETF 則可能需要支付多達 50 美元的費用。

　　財富邏輯公司（Wealth Logic）理財規劃師，《小學二年生如何打敗華爾街》（How a Second Grader Beats Wall Street）一書作者艾倫・羅斯（Allan Roth）表示，考慮券商過去的績效表現和信賴度也很重要，尤其是證券帳戶為應納稅的情形。「我第一支指數型基金是標準普爾 500 指數基金，由一家 80 和 90 年代的行業巨頭所發行。之後他們提高了費用（現在為 0.50%，而同類基金為 0.05% 或更少），這讓我面臨痛苦的兩難：是要繼續持有，支付較高的費用，還是賣出基金讓美國國稅局對資本利得扣稅。」這就是羅斯向客戶推薦先鋒共同基金和 ETF 的原因。

被動投資與主動投資

正如我之前提到的，共同基金和 ETF 都提供你採用被動或主動投資策略的機會。但這究竟是什麼意思？

被動管理是指試圖追蹤和貼近特定市場指數的投資，而主動管理的基金則試圖獲得比市場指數和指標更高的報酬。例如，追蹤標準普爾 500 指數的共同基金或 ETF，是被動管理基金（通常稱為指數型基金）。標準普爾 500 指數基金的經理人會確保指數基金追蹤標準普爾 500 指數，透過賣出遭指數剔除的公司持股，買進加入指數的公司股票，以確保指數型基金中的成分股比例與標準普爾 500 指數保持一致。

相反地，主動管理基金不只是試圖複製市場指數或獲取市場報酬，而是把目標放在打敗市場報酬，因而進行廣泛的研究和分析，與潛在的公司商談，就他們認為哪些投資將超過市場表現的理論，最終並根據這些假設執行買賣。

決定採用被動投資策略還是主動投資策略，是一個你必須回答的重要問題，並且這個決定可能會對你的淨利產生重大影響。所以結果會對典型的投資人（既非股市賭徒，也不是擁有大批資金的一般人）造成什麼影響？

　　通常，我認為利用共同基金或 ETF 進行被動式投資，是你大部分投資組合的明智選擇。儘管主動管理策略顯然更能實際操作，但付出額外的努力並不一定總能帶來更好的長期報酬。事實上，許多研究顯示結果剛好相反。標普道瓊指數過去十六年來一直致力於追蹤主動和被動式基金的表現，在 2018 年底標普指數報告（SPIVA Scorecard）中指出，標普 500 指數一年的表現優於近 65% 的主動管理大型基金。將時間拉長來看，標普 500 指數在十五年間的表現，更是優於近 92% 的主動管理大型股票基金，從長期來看，被動投資更有利 ⑨ 。

　　由於很少有主動管理基金，能持續打敗各自的市場基準指標，因此很難事先預估哪種主動基金能帶來更高的報酬。而且，與被動管理基金相比，由於主動管理基金需要額外的人員和外勤工作，費用通常要高得多，而且稅務效率也較低。即便如此，在某些情況下，主動管理基金可能會更適合，例如，某一特定資產類別並沒有低成本指數型基金，或者主動基金收取的費用低於同等指數型基金。

　　當你開始考慮哪一種投資策略可能最適合你時，要知道，在被動投資和主動投資之間選擇，並不一定是二選一的決定。即使你選擇大多數投資組合使用被動投資策略，你仍然可以將主動管理基金或甚至個別幾支股票加入組合。事實

上，我通常容許客戶可將最高不超過 5% 的投資組合用於「下注」，這個策略既可使人們的大部分投資組合穩定達成財務目標，同時也為他們提供些許的「積極」彈性，等候幸運之神來敲門。

每項投資放在哪裡（資產放置）

一旦你掌握了投資的選擇，下一步是釐清資產放置（Asset Location），也就是要把每一項投資放在哪裡——我的意思並不是要你決定把資金放在富達或億創理財（eTrade）；而是說，你需要了解可供你選擇的不同帳戶類型及運作方式，以確定哪些帳戶可能適合你。

你可放置投資的三種主要帳戶類別是：

● **遞延稅（Pre-Tax 稅前）**：提撥金額是屬於稅前制（即尚未徵稅的投資資金），會根據你的提撥金額，降低當年度的應稅收入。提領時，資金視為收入，需要徵稅。稅前帳戶的例子包括 401(k)、403(b) 和傳統型個人退休金帳戶（traditional IRA）。

● **免稅（Roth 羅斯）**：提撥金額是屬於稅後制（即已經徵稅的投資資金），並且不會降低當年度的應稅收入。退休時

提領通常不徵稅。免稅帳戶的例子包括羅斯 401(k) 和羅斯
IRA。

● **應稅**：提撥金額來自繳完稅的錢（類似羅斯 IRA 或羅斯
401(k)）。例如利息和股息等來自投資的收入，應在收到
的當年徵稅（即使有再度投資），而資本利得（投資價格
的增值）則在出售投資的當年徵稅。

你可能對稅前投資最為熟悉，特別是當你為某家公司工
作，並參與雇主的退休金計畫時。稅前提撥類型是許多退休計
畫的預設選項 [10]，而一些具有自動註冊功能的退休金計畫，一
般都會選擇稅前提撥類型 [11]。即便如此，免稅投資在許多公司
的退休金計畫中逐漸變成常見的選項。富達所發布的「建立財
務未來」（Building Financial Futures）季度報告中，指出集團所管理
的 401(k) 和其他退休金計畫，在 2019 年第一季度，全美國提
供給員工的退休金計畫選擇中，有接近 70% 是基於羅斯的提撥
方式——相較於 2014 年第一季度來說有大幅的增長，當時富
達只有 46% 退休金計畫是提供羅斯的選項 [12]。然而，羅斯提撥
的利用率相對而言仍算少數，只有 11% 參與的員工選擇用這種
方式來提撥退休金 [13]。

━━ 稅前還是羅斯？

在你決定是選擇稅前制還是羅斯制以提撥退休帳戶金額時，需要回答的一個問題是，你要今天就把稅繳清（羅斯提撥）還是要等到退休領錢時再繳稅（稅前提撥）？

一個關鍵因素是你的邊際稅率級距（marginal tax bracket），它會決定你當年度稅前提撥所能獲得的節稅金額，或羅斯提撥所需的稅款。隨著你的稅率級距逐步升高，當年度稅前提撥所實現的節稅金額將會愈多，羅斯提撥所需的稅款亦會增加。

設想一個情景，你有 10,000 美元可投入 401(k)。如果你的邊際稅率級距為 10%，稅前提撥表示當年度可省 1,000 美元的稅款（10,000 美元 x 10%），而羅斯提撥則表示今天就必須支付 1,000 美元的稅款。如果你的邊際稅率級距為 37%，稅額數字就會大得多──稅前提撥等於當年度可省稅 3,700 美元（10,000 美元 x 37%），而羅斯提撥表示今天就必須繳納 3,700 美元的稅單。

有了關於你的職業軌跡、未來收入和未來稅率的完整資訊後，你可以輕易地在電子試算表中模擬最有效的決策。遺憾的是，我們所有的資料根本稱不上完整。大多數人都不知道自己的職業發展軌跡，我們要工作多久，將會賺多少錢……更不用

說未來的稅率方向了。（如果你知道，請打電話給我！）

　　這種不可預測性就是為什麼分散稅金，或是將資金分散到各種投資類別（即稅前、免稅和應稅）很重要的原因。過去，大多數人只是將盡量多的錢投入到稅前的投資項目中。雖然從稅前帳戶中提領的款項，要按你的邊際稅率徵稅，但許多人認為他們退休時會在較低的稅級。但是，事實結果可能並非如此。

　　美國政府規定，從七十歲早期開始，從稅前退休帳戶中提領資金的人，無論是否需要，都必須遵守最低提款額（required minimum distributions）。例如，根據美國政府投資人網站（www.investor.gov），一名擁有 401(k) 餘額為 150 萬美元的七十四歲人士，若想要從稅前帳戶中領錢，必須提領 63,000 美元。加上社安金和其他固定應稅收入，可想見你的稅率級距可能會比預期要高得多。從稅前帳戶中領錢，不僅會影響你的稅率級距，還可能影響你的聯邦醫療險 B 和 D 部份（Medicare Part B and D）的保費金額，以及你的社安福利金應稅部分。真是太糟糕了！

　　將資金分散到各種投資類別，可使「未來的你」具有彈性，能夠從稅前、免稅或應稅帳戶中靈活提領資金，進而幫助你更有效掌控退休時的稅級（意即：省錢）。

決定每年的退休金帳戶，究竟要依據稅前或羅斯法規來提撥資金時，可運用下列指導原則作為出發。但是，如果你的資金過度集中於一種投資類別，則可考慮偏離指導原則，以分散你的投資類別。

何時考慮羅斯提撥（立即繳稅）：

- 你是應屆畢業生，期望薪水能夠隨著職業的發展而增加。
- 你一年只有部分時間在工作。
- 你的稅率級別相對較低（例如，2019 年為 10% 或 12%）。

何時考慮稅前提撥（延後繳稅）：

- 你處於最高稅級之一（即 2019 年為 32%、35% 或 37%）。
- 你已經為 401(k) 提撥最高金額，能夠選擇也具有現金流，可利用大後門羅斯 IRA（mega-backdoor Roth IRA）和／或後門羅斯 IRA（backdoor Roth IRA）策略，提撥至羅斯帳戶。

你支付的投資金額（費用和支出）

你為投資的支出非常重要。2015 年，線上財富管理公司「個人資本」（Personal Capital）就人們支付給大型投資經理人的總費用進行了一項研究（見表 12.7）[14]。這項研究納入你支付給理財顧問的費用（即，資產管理的費用），以及實際投資的基礎費

用（例如，共同基金和 ETF 的費用率）。個人資本公司發現，一些家喻戶曉的大型經紀商，每年收取的總費用高達 2%！

> **你的報酬 = 資金報酬－費用**

現在你可能會想：「支付 2% 的費用聽起來沒那麼糟。哎呀，為了保障我其餘 98% 的錢都得到妥善管理，付出的代價似乎很小。」但請考慮一下：如果你支付 2% 的費用，則你的投資組合每年必須至少需要 2% 的報酬才能達到收支平衡。如果整個市場一年的報酬率為 7%，那麼你的投資組合就需要賺取 9% 的利潤，才能打平市場報酬。

表 12.7：投資經理人類型的平均投資總費用

提供者	總費用（佔所管理投資餘額的百分比）	年費（假設餘額為 500,000 美元）
低成本供應商	0.08% 至 0.15%	400 至 700 美元
機器人投資顧問	0.35% 至 0.55%	1,750 至 2,750 美元
大型證券經紀商	1.00% 至 2.00%	5,000 至 10,000 美元

資料來源：改編自個人資本公司（Personal Capital）進行的一項研究。 請注意，低成本提供者和機器人顧問並不在原始分析資料中。

暫且不談你理財顧問的表現，投資費用會累積，且快速增加。例如，一個 500,000 美元的投資組合，每年需支付 2% 的

費用，等於每年需支付 10,000 美元——並且這個金額會隨著你投資組合的淨值成長而增加！表 12.7 也包括收取較低費用的低成本供應商與機器人投資顧問。如果你將 500,000 美元的投資組合改為選擇這幾個提供者，則年費會變成 400 ～ 2,750 美元——和 10,000 美元相比，真是省了一大筆錢！

俗話常說：「一分錢一分貨，付多少錢就買到多少東西」對許多產品和服務而言，這句話或許為真。但是講到投資，傑克・博格（Jack Bogle）說：「你拿到的未必是你付錢要買的東西。」[15] 在你的投資過程中，請務必牢記這句話，因為許多可能會影響投資報酬的因素，例如市場表現，是你無法掌控的，但你為投資所支付的費用，卻完全在你的掌控之中。儘管費用取決於管理你資金的人是誰，以及投資項目，而有很大不同，但如果你打算以被動管理指數基金的投資為主，則這些基金的費用率應為 0.25% 或更低。

我可以開始投資我的錢了嗎？

最重要的是，投資必須從你自己開始——對於想要實現的目標，何時要實現這些目標，以及在投資過程中可以承受的風險，充分了解，這比市場上任何事情都重要。

　　你想要投資什麼，將會強烈影響到你所投資的項目。要將每筆投資放在何處，取決於你可用的帳戶類型。無論你要投資什麼，請務必注意你支出多少錢。減少費用是你完全可以掌控的因素之一，這也深深影響你的淨投資報酬率。在下一章中，我們將應用這些學到的概念，探索如何平衡效率和簡單性，創造一個適合你的投資組合。

第 13 章

如何建立你的投資組合

　　你能否想像這樣的情境？星期三下午，你提不起勁來工作，午餐休息時間又剛好結束。真討厭！這時你當然會把昨天就應該完成的急件晾在一旁，只想花幾分鐘專心想著比較有吸引力的事，例如晚餐要煮什麼。

　　你的第一選擇是像名廚巴比・福雷（Bobby Flay）的風格，這意味著要發揮全力，下班後就得馬上奔向超市，購買製作美味佳餚所需的食材，像個二廚一樣輔佐大廚，煮飯燒菜，最後清理廚房。那可能是最便宜和最美味的選擇，但也會占用你晚上大部分時間。

　　或者，你可以多付一些錢，購買切好的蔬菜，這樣就不用

花 15 分鐘切洋蔥又擦眼淚，還可以好好享受一頓家常菜。

或者最後，因為是工作日，所以你可以到熟食區挑選現成的食物，準備一餐——只需簡單加熱就可以吃，還有時間看一部電影。雖然這種選擇可能最昂貴也最不美味，但只需要最少的準備功夫和事後清理。

信不信由你，你決定如何準備晚餐所經歷的思考過程，亦相當於決定你如何建立投資組合。這兩種情況都具有多重選擇，讓你能夠到達相同目的地（即，得到營養或適當投資），但每一種選擇所需的成本和付出時間則有所不同。

在烹飪和投資選擇中做決定時，你得試著在效率和簡單之間找到平衡。你選擇在餐點或投資組合中使用的基本材料，影響了餐點的準備或投資計畫的複雜度。能夠讓準備餐點的食材，或使投資計畫內容更簡化的組合，花費或許會高一些。

無論哪一種情況，都沒有一種能適合所有人的選擇。那些對烹飪或投資有興趣的人，可能會傾向於需要更多動手的機會，花費更多時間。那些興趣沒那麼大的人，可能會選擇花更多錢購買一些比較簡單的選擇，幾乎不需要整理或後續管理。

在本章中，你將學習如何在投資時平衡效率和簡單性，以及如何建構一個投資組合，這個組合會與你的目標達成一致，並配合你願意花在管理投資的時間。

步驟 1：完成先決條件

你在組合中所運用的投資，將取決於你想要達成**什麼**目標，以及你想要**何時**達成這些目標。如果你尚未完全確定目標，請參考第 11 章，藉由練習來定義、量化和確定目標的優先事項。

在第 11 章中，我提過兩種強制性目標，包括儲蓄緊急預備金和清償高成本債務，例如信用卡債和個人貸款。如果你尚未儲蓄緊急基金，但已清償了高成本債務，在尚未踏入投資之前，請先專注於達成這些強制性目標。達成兩種強制性目標，將有助你建立堅實的財務基礎，並確保你能夠堅持自己的投資計畫。

步驟 2：回顧你的目標

完成投資的先決條件後，建立投資組合的下一步，就是回顧你的目標以及每個目標的適用時間表。表 13.1 根據特定目標的時間區間，分別提供應如何投資的基本指南。

在為五年以下的目標儲蓄時，應該將大部分的資金保留在現金。儘管這個做法會讓你的潛在收益有了上限，但潛在損失也有限，使你更有機會獲得實現短期目標所需的資金。對於五年或五年以上的目標，需要周延的思考。隨著時間一拉長，你可能會對增加股票部位感到比較安心。為了確定適合你的資產配置，與預期報酬相比，你需要評估並平衡「能夠」或「需要」承擔的風險兩者之間的取捨（見表 13.2）。

表 13.1：基於目標時間表的定向投資指南

目標時間表	目標範例	投資指南
5 年以下	度假、汽車、房子、繼續進修	主要是現金（例如，高收益儲蓄帳戶、定存、等值的持有資產）
5 到 15 年	大學基金	債券和股票組合
15 年以上	退休 / 財務獨立	主要是股票

特別是，你的個人風險承受能力可能會影響你堅持計畫和投資組合的能力和舒適度，尤其是在價格大幅下跌的時候。儘管股票在較長的持有期間內，平均年報酬可能是正的，但賺取正報酬的過程，就像是搭乘雲霄飛車，而不是沿著平靜河流順流而下——過程會很顛簸，你的投資組合價值可能會大幅下跌。如果市場嚴重下跌，會導致你做出一些本能反應，例如將所有資金都轉成現金，那麼降低投資組合中的持股比例，會讓

你更放心——即使你的目標在二十多年以後。

表 13.2：是否投資更多股票的注意事項

注意事項	指導原則
時間框架	短期目標應更傾向於債券。隨著時間拉長，你可以加入更多的股票部位。
時間框架的彈性	如果確定時間，你可能不想承擔太大的風險；如果你的時間安排靈活可以延後，你可承擔更多的風險。
風險承受能力	如果你容易受到市場大幅下跌的驚嚇，你可能會希望少承擔風險。
需要報酬	根據你現有的儲蓄，以及你可持續儲蓄的金額，你是否需要高報酬才能實現目標？如果不是，你可能要考慮減少股票部位。

　　雖然沒有完美的方法可以衡量風險的承受能力，但有些公司利用問卷調查，針對你過去的經驗，或是在動盪市場中可能的行動，來衡量你的風險承受程度。你可以藉由快速線上搜尋，找到網路上免費的風險承受能力調查表。這些風險承受能力調查表是很好的起點，可大致了解你的風險承受能力，同時讓你清楚適合你和你的目標的正確股債組合。

　　但是，在你花費數小時試圖找到資產的完美配置之前，請記住，解決資產配置的問題，不像是在學校解數學問題。由於每個人都有不同的偏好、風險承受能力和財務狀況，因此並沒有一

種針對特定目標的「正確」配置。再者，就長遠來看，股票或債券 5% 到 10% 的配置差異，不會嚴重影響你的財務。先鋒研究報告顯示，股票部位在 10% 時，各種股票和債券組合的平均年報酬率差異僅有約 0.3% 至 0.5% ——對整體報酬沒太大影響。

如何維持你的資產配置與投資組合的再平衡

由於市場變化，年初開始的資產配置（包括你的股票、債券及其他投資），到了年底可能就不一樣了。事實上，你投資組合中的股票和債券，可能在執行策略後的第二天就發生變化，因為在你的投資組合中的相關投資可能會有不同的表現——股票可能會增值，債券可能會貶值，反之亦然。隨著時間的推移，這些波動可能會改變你投資組合中的股債比例，不再與你的目標保持一致，造成投資組合的風險變得比你預期的更大或更小。這就是為什麼定期再平衡很重要的原因。

你可以採用基於時間或基於價值的方法，重新平衡你的投資組合。以時間為基礎再平衡，是指你遵守一個設定的時間表，如每半年或每年調整一次你的投資組合。

以價值為基礎的再平衡，是指你不是依照固定的時間表再平衡資產配置，而是當股債的組合高於或低於目標資產配置的某個百分比時，就重新平衡你的投資組合。舉例來說，你決定在股票配置

偏離目標值上下超過 10%時，重新調整你的投資組合。假如你設定股票配置 80%，那麼一旦股票配置變成 90% 以上，或是下跌至 70%，那麼你需要重新平衡投資組合。

實施投資組合再平衡，雖然並沒有一種「最正確」或「最好」的方法，但大多數管理自己的投資組合的讀者可能會傾向基於時間的再平衡方法，因為這種方法較容易掌握，也可自動執行。採行這種方法，你仍須比較平衡日期的實際配置與目標配置。如果差異很小，則可以決定完全不進行再平衡。另一方面，基於價值的策略，則要求你更密切地監控投資組合。

為了再平衡，通常你會賣出超出的投資部位，買進不足的部位。讓我們重新回顧前例，你配置的股票比例已經從 80% 上升至 90%。在這種情況下，你必須賣出股票，並買進更多債券，讓你的配置再度符合目標。或者，如果你在一年裡持續在投資帳戶中投入資金，可以簡單地買進更多價值下跌的部位（此例為債券），減少過多的部位（此例為股票）。

賣掉持有部位，再平衡你的投資組合，對你的稅前或羅斯帳戶中的賦稅不會有立即的影響。但是，如果你賣出的獲利部位是在應稅券商帳戶（taxable brokerage account）中，則可能會因為賣出而產生資本利得稅——因此，在你進行處理之前，需注意應稅帳戶中再平衡所涉及的稅務問題。

如果再平衡聽起來需要大量操作，那麼目標日期基金（target-date funds）會是不錯的選擇（我稍後會討論），因為這些基金可為你提供再平衡，不必考慮如何、何時或應該多久再平衡一次你的投資組合。

步驟 3：評估你的選擇

當你確定股票和債券的整體組合（即資產配置）後，你可以透過多種方式採取行動，來實現目標的資產配置，包括單一基金投資組合（one-fund portfolio）、三基金投資組合（three-fund portfolio）、資產位置投資組合（asset-located portfolio），或這些投資組合的變化形式。

從理論上來說，這些選擇的不同取決於 1) 你投入的資金量，2) 你是否在各個帳戶維持相同比例的資金。這些因素將影響你投資組合的複雜程度和後續所需的管理，以及從成本和稅金角度看你投資組合的效率。讓我們仔細看看這些選項。

選項 1：單一基金投資組合（目標日期基金）

[解說：所有帳戶會以相同比例使用單一基金。]

　　單一基金投資組合，讓你只需購買一支基金即可輕鬆配置股票和債券的組合，而不必購買三支或三支以上的基金來達成相同的配置。這些基金有時被稱為目標日期基金或生命週期基金（lifecycle funds），這些基金的名稱大多數會包括「目標退休基金（年分）」或「目標（年分）」（見表 13.3）。

　　一般來說，目標日期基金的到期年距離今年愈遠，其持股占比高於離今年愈近的基金。例如，先鋒 2050 目標退休基金（Vanguard Target Retirement 2050 fund）持有 90% 的股票 [1]，相較於先鋒 2030 目標退休基金則持有 75% 的股票 [2]。

　　目標日期基金不僅簡化了事前選擇過程，還能照顧後續的投資組合管理。具體來說，他們會對目標資產配置進行投資組合的再平衡，同時隨著你接近目標退休日期還能減少基金股票的部位——否則你必須負責處理或外包出去。

表 13.3 目標日期基金命名規則和費用

基金家族	目標日期基金命名規則 （主動式管理基金）	費用率範圍
富達（Fidelity）	富達自由指數（年）基金	0.08 ～ 0.14
嘉信（Schwab）	嘉信目標（年）指數基金	0.08
先鋒（Vanguard）	目標退休（年）基金	0.12% ～ 0.15%

目標日期基金可能適合你，如果：

- 你重視簡單高於其他一切。
- 你希望對投資組合進行最少的維護和後續管理。
- 你目前只有一個投資帳戶，例如公司的 401(k)。
- 你目前沒有投資應稅券商帳戶。
- 你可能沒有足夠的資金以符合多個共同基金的最低投資額。

目標日期的資金可能不適合你，如果：

- 你的資金分散在多個不同的帳戶類型中，尤其是其中一個帳戶屬於應稅券商帳戶。
- 你重視盡量支付最低費用。

目標日期基金的注意事項

雖然許多基金家族提供被動管理的目標日期基金，但一些基金家

族同時提供被動管理和主動管理的目標日期基金。主動管理目標日期基金要昂貴得多，因此請務必在購買前查詢基金的費率。例如，富達的主動式管理 2050 年基金稱為「富達自由 2050 年基金」（Fidelity Freedom 2050 Fund）[3]，而它的被動式管理基金則稱為「富達自由指數 2050 基金」（Fidelity Freedom Index 2050 Fund）[4]。在名稱上的唯一差別在於，被動式管理基金的名稱中包含「指數」一詞。但是，兩者費用差距甚大——主動式管理的版本費率為 0.75%，而被動式管理的版本費率僅為 0.08%。對於大多數大型基金家族（例如先鋒、富達和嘉信），被動式管理目標日期基金的費率為 0.20% 或更低，有幾種費率甚至小於0.10%。

選項 2：三基金投資組合

> 解說：所有帳戶會以相同的比例使用同樣的
> 三支或三支以上基金。

　　三基金最早是由泰勒・雷利摩爾（Taylor Larimore）所提出，柏格頭（Bogleheads，編按：一群景仰約翰・柏格的投資人）加以推廣。在三基金的投資組合配置中，你可以購買三支或三支以上的基金

完成標的配置，而不僅僅是購買一支共同基金或 ETF。一般來說，三基金是由一支美國整體股票市場指數基金，一支國際總體股票市場指數基金和一支美國總體債券市場所組成。

為決定分配給每個基金的資金，你首先要根據你的目標、時間表和風險承受能力，來確定股債的配置比重。然後，你還要確定如何在美國和國際指數基金之間劃分股票配置。雖然你的實際組合將取決於個人偏好，但許多權威專家建議將 20% 到 50% 的股票配置在國際股票指數基金。你也可以參考目標日期基金使用的投資明細，從中獲得如何決定美國和國際股票基金組合的靈感。

如果你只有一個帳戶，執行三基金投資組合配置相當簡單明瞭，但如果你有多個帳戶，例如 401(k) 和應稅券商帳戶，則可以在每個帳戶中配置相同的股債組合。例如，你同時擁有一個 401(k) 和一個應稅券商帳戶，目標分配在 90% 股票和 10% 債券，在這種情況下，你將在每個帳戶中購買三基金，在 401(k) 配置 90% 股票和 10% 債券，應稅券商帳戶也是 90% 股票和 10% 債券。

在持續投資的基礎上，你需定期再平衡個人的投資組合，以確保每個帳戶中股票和債券的組合接近或等於你的原始配

置。當接近預定目標時，你還要負責逐漸降低投資組合中股票
的比重。

與低成本目標日期基金相比，這種方法雖然複雜程度增
加，但好處在於彈性更高，費用也更低。例如，先鋒退休目標
2050 基金費用率為 0.15% [1]，這檔基金是由下列四個先鋒基金
所組成：

● 先鋒總體股票市場指數基金一般股別（Vanguard Total Stock
  Market Index Fund Investor Shares）
● 先鋒總體國際股票指數基金一般股別（Vanguard Total
  International Stock Index Fund Investor Shares）
● 先鋒總體債券市場 II 指數基金（Vanguard Total Bond Market II
  Index Fund）
● 先鋒總體國際債券指數基金（Vanguard Total International Bond
  Index Fund）

如果你以目標退休 2050 基金相同的比例，分別購買了這
些（或類似）基金，你只需支付 0.07% 的維持費用，而不是
0.15%。但是，此策略需要克服某些障礙。特別是，你需要有
足夠的資金來滿足每種基金的最低投資要求（屬於退休計畫之
外），通常初始金額為 1,000 美元或更高。

參考表 13.4 提供常用的基金例子，運用不同基金家族建立一支三基金投資組合：

表 13.4：建構三基金的常用組合範例

基金家族	美國股票基金	國際股票基金	美國債券市場基金
富達	富達總體市場指數基金（FSKAX）	富達總體國際指數基金（FTIHX）	富達美國債券指數基金（FXNAX）
嘉信	嘉信總體股票市場指數基金（SWTSX）	嘉信國際指數基金（SWISX）	嘉信美國綜合債券指數基金（SWAGX）
先鋒	先鋒總體股市指數基金頂級股別（VTSAX）	先鋒總體國際股票指數基金頂級股別（VTIAX）	先鋒總體債券市場指數基金頂級股別（VBTLX）

三基金的投資組合結構可能更適合你，如果：

● 你的資金分散於多個不同的帳戶類型中，包括應稅券商帳戶。

● 你想支付最低費用。

● 你可以滿足多個共同基金的最低投資要求（在你的退休計畫之外），或者選擇運用 ETF。

三基金的投資組合結構可能不適合你，如果：

● 你重視簡單高於其他一切。

● 你只有一個帳戶類型，並且是稅前帳戶或羅斯帳戶，而不是應稅券商帳戶。

● 你想投資共同基金，但無法達到多個共同基金的最低投
資額。

選項3：資產放置投資組合

> 解說：跨帳戶使用三支或更多基金（類似三
> 資金投資組合），但每個帳戶的基金比例可
> 能不同。

資產放置投資組合（asset-located portfolio），是建立在三基金
投資組合配置的基礎上。與三基金的投資組合一樣，資產放置
投資組合會要求你購買三支或更多的基金，以達到目標配置，
並且你要負責投資組合後續的再平衡和風險管理。但是，與三
基金的投資組合不同，三基金的投資組合裡，不同帳戶的股債
比例相同（例如，你的401(k)帳戶裡是90%股票和10%債券，
而你的應稅券商帳戶裡是90%股票和10%債券），在資產放
置投資組合中，你不太可能對每種帳戶類型都做相同的配置（見
表13.5）。相反地，你應將最節稅投資基金放在應稅券商帳戶，
而最不節稅的投資，放在稅前或羅斯帳戶中。

高稅務效率投資，指的是應稅帳戶的條件中，具有更優惠
的長期資本利得稅率（較低的稅率），一般可為你提供投資報

酬。低稅務效率投資，是那些取決於較高的短期資本利得稅率
（又稱為邊際稅率，即：較高的稅率）而開始產生投資收益的
投資。

- **高稅務效率投資**：總體股票市場指數基金、租稅管理股票
  基金、中小型股指數基金。
- **低稅務效率投資**：應稅債券、不動產投資信託（REIT）基金、
  主動式管理基金

　　假設你處於 32% 的稅級範圍內，並從應稅投資中獲得了
1,000 美元收入，那麼如果你的收入是應稅債券的利息，淨利
就是 680 美元，但如果這份收入是來自總體股票市場基金的合
格股息，則淨利為 850 美元——相差 170 美元。

表 13.5：執行 90% 股票與 10% 債券的配置（投資組合 20 萬美元）

	三基金投資組合	資產位置組合
帳戶：401(k) **金額**：100,000 美元	9 萬美元股票（90%） 1 萬美元債券（10%）	8 萬美元股票（80%） 2 萬美元債券（20%）
帳戶：應稅券商 **金額**：100,000 美元	9 萬美元股票（90%） 1 萬美元債券（10%）	10 萬美元股票（100%）
總投資額： 200,000 美元	18 萬美元股票（90%） 2 萬美元債券（10%）	18 萬美元股票（80%） 2 萬美元債券（20%）

　　當你考量在哪些投資放在哪個帳戶才是最省錢、最節稅時，還需要做大量的工作。因為每個帳戶可能沒有相同的股債配置，因此只查看帳戶很難知道你的整體資產配置是否偏離。使用這個投資方式，你可能需要使用電子試算表大致掌握各帳戶中的標的配置。使用此策略的另一個困難點在於，你的帳戶類型（例如，稅前、羅斯和應稅）可能是以不同的稅率累積資金，因此無法輕鬆設定完畢就不必再理會。

資產放置投資組合可能較適合你，如果：
- 你想支付最低費用。
- 你希望自己的投資組合是最節稅的。
- 你可以滿足多個共同基金的最低投資要求，或者選擇使用 ETF。
- 你不介意後續長期管理投資組合，甚至還可能很喜歡。
- 你有多種帳戶類型，包括應稅券商帳戶。
- 你處於高稅率級距（即 32%、35% 或 37%）。

資產放置投資組合可能不適合你，如果：
- 你重視簡單。
- 你只有稅前或羅斯帳戶，沒有應稅券商帳戶。
- 你的稅率級距較低（例如 10%、12% 或 22%）。
- 你想使用共同基金，但無法達到多個共同基金最低投資額。

關於機器人理財顧問

自從 2008 年經濟衰退，機器人顧問（robo-advisors，一種自動化投資平台，可幫助投資者建立和管理投資組合）進入投資領域以來，一直自我行銷，成功得到新投資者的青睞。機器人顧問經常自我定位可取代財務顧問，優點包括容易開立帳戶，持續進行再平衡，投資利損減免以及還能以節稅的方式配置資產。機器人顧問通常會收取 0.20% 至 0.40% 的後續管理費，以及基礎投資的額外相關費用，比傳統財務顧問的費用低得多，後者收取的範圍通常在 1.00% 至 1.50% 之間。

儘管有這些優點，但是否使用機器人顧問，卻不見得是那麼明確。在決定是否用機器人顧問來管理你的資金時，這裡有一些注意事項。

● **你的需求**：首先要考慮的因素是你的需求──這需要明確了解你的現況。第一步，釐清你有多少資金可投資，以及你的資金投資的帳戶類型（例如稅前帳戶、羅斯帳戶、應稅帳戶）。這些訊息將有助你決定哪種服務類型對你最有利。

特別是，問自己想找：a) 自動配對並最佳化你的投資（在這種情況下，機器人顧問會很合適），b) 與在財務各面向能協助你的人合作（財務顧問會很合適），或 c) 自己管理投資？

- **適用的益處**：一些機器人顧問的益處可能適用於所有客戶，包括自動再平衡以及低成本投資。然而，如果你只將資金投資於傳統或羅斯 IRA 中，投資利損減免和高稅務效率資產放置（tax-efficient placement of assets）這兩種經常被強調的好處，可能不適用於你的情況。

  這兩種策略對於將資金投資於應稅券商帳戶，都是有利的。如果你的應納稅帳戶中有投資因暫時跌價而蒙受損失，藉由出售可抵銷其他應繳稅的投資獲益或收入，投資利損減免有可能讓你可降低當年的應納稅額。高稅務效率資產放置則主要是將最能節稅的資產放在應稅證券帳戶中──但如果你的資金只有在傳統或羅斯 IRA 中，則此策略不適用。

- **成本**：機器人顧問比傳統的財務顧問要便宜，但仍然比我在本章中強調的「自己動手」投資組合昂貴，包括需要你持續執行投資組合再平衡和風險管理的三基金與資產放資組合，以及為你管理這些事務的單一基金投資組合（即目標日期基金）。

- **靈活度和未來選擇**：你現在或將來想要的靈活度也很重要。如果你開使用傳統或羅斯 IRA 的機器人顧問投資，從財務上來說，將這筆錢轉移到自行操作的選擇或財務顧問，相對來說就會很輕鬆，因為出售這些投資不會立即產生課稅問題。

但是，如果你的應稅證券帳戶使用機器人顧問，當你的投資
價值增加，決定更改持股或策略時，則可能會課稅。

最重要的是，機器人顧問在理財方面可提供多種潛在優勢，但並
非所有人都適用。決定是否使用機器人顧問，很大程度取決於你
當前的情況，你所尋求協助的層級，靈活度需求，以及機器人顧
問的適用益處是否超過額外的成本。

如果你剛開始投資，手邊只有傳統或羅斯 IRA，可能是測試機器
人顧問的好時機。儘管你不會知道投資利損減免和高稅務效率資
產放置的益處，但你可以選擇將資金轉移到自助式的選擇或交給
財務顧問，而幾乎不會產生不利的稅務後果。就這種情況來說，
目標日期基金可能也是一種很好的選擇，特別是對於一些希望以
最小成本和維護費開始投資的人。

━━ 如何選擇適合你的投資策略：效率和簡單的平衡

　　表 13.6 歸納了你可用來建立投資組合基礎的三種策略，分
別有哪些好處和注意事項。在考慮使用一種策略時，請想想下
列問題，這將有助於你決定開始或轉移的策略。

● 你的錢在哪裡？是在一種帳戶類型中，如 401(k)？還是分

　　散在多種帳戶類型中，如 401(k)、羅斯退休帳戶或應稅券
商帳戶？

- 你現在或未來需要多大的彈性，以潛在提高你投資組合的
成本和稅務效率？
- 降低成本和稅金對你來說有多重要？
- 你願意進行多少後續的工作（即再平衡和其他管理）？

　　在決定要使用哪種策略時，你需要權衡效率和簡單的優先
順序，但這兩件事會互相牴觸。

　　從成本和稅務的角度來看，隨著你投資組合的效率變高，
它也將會變得愈加複雜，並且需要更多時間來進行後續的管理。
最簡單的投資組合包括只買一支基金，這種情形很容易追蹤，
不需要太多的後續管理或干預。由於它的簡單性，你相對的要
付出較高的費用，可能會失去一些彈性，並且稅務效率較低。

　　像我朋友阿爾貝托（Alberto）這樣的人，對於個人理財超級
有興趣，希望能對自己的投資組合事必躬親，因此選擇執行一
種較複雜的投資組合，需要進行大量維護。其他人可能會認為，
個人理財和投資只是待辦事項清單上面需要解決的一個項目，
不想要因此消耗自己的生命。如果你屬於後者，那麼就完全適
合擁有一個單一基金的投資組合。相較於任用理財顧問或購買

主動式管理基金的投資人，你會更貼近市場的報酬，心裡較安穩，覺得自己的投資是正確的，而且支付的費用也較低。

表 13.6：基本投資組合結構概要

	選項 1 單一基金投資組合 （目標日期基金）	選項 2 三基金投資組合	選項 3 資產位置投資組合
解說	所有帳戶會以相同比例的資金使用同樣的單一基金。	所有帳戶會以相同的比例使用同樣的三支或三支以上基金。	在各帳戶中使用三支或三支以上基金（類似三資金投資組合），但每個帳戶的基金和比例可能不同。
基金數量	1	3+	3+
複雜程度	最低	略有	最多
後續的再平衡與管理	最少工作	一些工作	最多工作
彈性	低彈性	高彈性	高彈性
成本	最昂貴	最便宜	最便宜
稅務效率	稅務效率最低	具有潛在的較高稅務效率	稅務效率最高

你的策略可以改變

你今天決定的策略，不一定是要永遠堅持的策略。計畫趕不上變化，二十多歲時對你來說最好的選擇，後來可能會變得不盡理想。這正是流線財富公司（Laminar Wealth）理財規劃師大衛・歐

倫斯基（David Oransky）對那些想要管理自己投資組合的人所說的話。

「如果你是個投資新手，沒有應稅帳戶，那麼單一基金投資組合可能是入門的好開始，但仍保留未來改變策略的機會，後續的影響也最小。」歐倫斯基說。這是因為使用稅前和羅斯帳戶，無需在今天繳稅，就可以輕鬆調整策略，在這些帳戶內移動資金。

在應稅券商帳戶中進行投資，事情會開始變得複雜，因為當你出售應稅帳戶中價值增長的投資商品時，可能會需要繳納巨額稅金。這就是為什麼理財顧問兼《資產配置投資策略》（*All About Asset Allocation*）一書作者理查‧菲利（Richard Ferri）說：「當你決定在應稅帳戶買入共同基金和 ETF 前，請確保你是全心全意的，因為它就像婚姻一樣，如果日後決定與這些資產分手，常常需要付出高額的稅金做為代價。」

如果你是投資新手，擁有應稅帳戶，歐倫斯基認為三基金投資組合策略會是開始有效投資的好方法，同時也給予你彈性，未來可靈活轉移為資產位置投資組合的策略。「如果你開始的時候是在每個帳戶中都採用三基金投資組合策略，後來卻決定要把帳戶全部改為資產放置策略，當你賣出應稅帳戶中的債券

基金時，資本利得稅可能很少或沒有。」他說。

　　最終結論——隨著你在投資組合中加入更多資金和不同帳戶，你的投資策略能夠也可能會隨著時間改變。在你的稅前帳戶和羅斯帳戶中改變策略並賣出投資，相對來說應該是無縫接軌的，不會立刻產生稅務影響。即使在應稅帳戶中賣出持有的債券，在稅務上的影響也應該很小，但請留意在應稅帳戶中買賣所持有的股票，因為它在稅務上的影響其實並不小。

第 14 章

保護你的財富

　　對莎朗‧愛普生（Sharon Epperson）來說，2016 年 9 月 21 日
這一天的開始就像平時的工作日一樣。在赴任 CNBC 資深個
人理財特派記者的工作之前，愛普生與家人共進早餐，送孩子
們上學，還擠出時間去做運動。那天卻成為愛普生永誌難忘的
一天。

　　在健身時，她出現嚴重的頸部和頭部疼痛，她知道事情不
對勁，立即打電話給丈夫。到達醫院後，醫師證實愛普生的腦
動脈瘤破裂——根據腦動脈瘤基金會（Brain Aneurysm Foundation）
①，這種疾病在 50% 的病例中會致命，並造成 66% 的倖存者
留下永久性的神經功能缺損。

「在毫無徵兆的情況下，我就突然變成殘障，不確定能否或何時能夠重返職場，」愛普生說。

幸運的是，經過一年復健，愛普生得以完全康復，重返工作崗位。不過她說，從遺產規劃和正確的保險獲益良多。

「回想起來，幸好我有適當的遺產規劃，讓家人可以代表我做出重要的醫療和財務決定，以及適當的保險，確保在我無法工作時，能夠支付我們的開銷，」愛普生解釋。

儘管這個話題有些沉重，但運用正確的工具，以保障你的人力和財務資本，是任何理財規劃中必備的步驟。如果沒有保障，一個不幸的事件可能就會耗盡你所有的金錢，就連你為找到合適工作和優化財務狀況所付出的辛勤努力，也都會在瞬間化為烏有。

保險和遺產規劃是大多數人用來保護財務穩定的兩種策略。但是，這兩種工具與你所購買的其他大多數商品和服務不同，無法立即帶來明顯的回報。兩種工具都使你和家人能夠積極地為最好不要發生的不幸事件做好準備，例如意外事故、失能甚至死亡，當然了，希望這種事最好不要發生。

雖然保險和遺產規劃可能很複雜，但卻是你避免財務意外損失的最佳防線，尤其是如果你在過程中提出的都是正確問題。在本章中，我們將拆解主要的保險和遺產規劃工具類型，以及決定是否並如何運用它們的關鍵注意事項，使你能夠清楚地制定行動計畫，保護自己的財富。

保險

保險有助於保護我們的資產，免受日常生活中所有人都會面臨的各種風險。在這些風險中，有些發生的可能性較高。例如，我被汽車撞到的可能性比雷擊要高（特別是我走在所居住的紐約市街道時）。風險對我們的負面影響各有不同。對我和家人來說，車禍受重傷或死亡的後果，遠比只是在人行道上絆了一跤更嚴重。

當談到保險計畫時，**經驗法則是，要替那些不太可能會發生、但真的發生就會帶來毀滅性財務後果的風險買保險。**

你需要的保險類型，取決於你擁有的財產，以及是否有人倚賴你的收入。表 14.1 概略列出每個人都應該要有的保險，取決於你擁有財產保險，以及有人依賴你收入時應有的保險。

表 14.1：保險需求總覽

人人都需要的保障	取決於你擁有財產的保障	如果有人倚賴你收入的保障
醫療險	車險	壽險
失能險	雨傘險 / 責任險	
產險		

　　無論保單的類型如何，你都需要注意兩個互相關聯的專有名詞，它們出現在整個保單中：

● **保費**（Premium）：保單的支付費用，通常基本上是每月或每年繳付。
● **自負額**（Deductible）：在保單開始負擔費用前，你必須先支付的金額。

　　一般來說，**自負額較高的保單，保費會較低**。當你考慮特定保單的適當自負額時，應衡量你在提出索賠時，高自負額每月所省的錢，以及可能的高額支出。但無論你選擇的自負額是多少，都要確保自己有足夠的緊急預備金來支付這筆款項。

　　如果你還沒有買保險，現在請將表 14.1 作為指南，一起來審視你應該投保的各種保單類型。

人人都需要的保障

▬ 醫療險

對我們大多數人來說，選擇醫療險保單是一件令人困惑，又有壓力的事。就個人而言，我認為它的難度遠遠高於組裝家具、或搞懂如何修理家中的任何東西。但是，投保正確的醫療險，可為你節省很多金錢，甚至影響你的醫療品質，因此務必要審慎決定。

大多數美國人可從各種醫療險保單中進行選擇，這些保險的保費主要根據承保範圍和相關費用方面的彈性而有所不同。

▬ 承保範圍的彈性

兩個主要因素會決定你醫療險承保範圍的彈性：1) 你可以看什麼醫師，以及 2) 是否需要主治醫師的轉診才能看專科醫師。

醫療人員通常分為兩大類：醫療網內和醫療網外。與特定保險公司簽訂合約或相關的醫師，視為「醫療網內」，其他所有醫師則視為「醫療網外」。根據你是否需要主治醫師轉診，才能看專科醫師，例如內分泌科醫師、過敏科醫師或皮膚科醫師，保險也不一樣。

▬ 要付多少錢

醫療險費用的不同，取決於開始承保之前，你要先繳的首期金（自負額），後續治療期間需繳付的費用（每月保費、共付額、共同承擔額），以及一年你可能總共要繳付的金額（自負額上限）。

選擇彈性較低的保險計畫時，你可能要付的醫療費用整體來說較低 [2]。相對來說，如果你在醫療選擇方面需要較高的彈性，則可能要為此選擇支付較高的首期金和後續費用。

▬ 如何決定

在美國，在雇主保險計畫涵蓋下的大多數消費者，都是投保下列五種醫療險保單之一：

- 健康維護組織（HMO）保險計畫
- 指定醫療人員組織（EPO）保險計畫
- 優選醫療人員組織（PPO）保險計畫
- 定點服務組織（POS）保險計畫
- 高自負額（HDHP）保險計畫

上列各種保單類型本身都有優缺點。例如，在所有保單類型中，HMO 提供的選擇性最少，因為 HMO 僅涵蓋醫療網內

的服務，並且需要轉診才能看專科醫師。但從好的方面來說，整體花費通常最低。PPO 提供最大的彈性，但對一般投保人來說成本也最高。HDHP 收取的保費最低，但自負額高，自負額上限也高。請參見表 14.2，依照醫療險計畫承保範圍的靈活度彙整摘要。

選擇醫療險計畫時，最好是在靈活度和成本之間取得平衡，滿足個人需求。雖然你的醫療險計畫可能有所不同，但你都應該回答下列問題：

- 我是否需要或想要能靈活地選擇網外醫療機構？
  - 如果是，請考慮使用 PPO、POS 或 HDHP。
  - 如果否，你可能想省點錢，考慮使用 HMO、EPO 或 HDHP。
- 我是否在乎，去看專科醫師之前，必須要先看主治醫師？
  - 如果是，請考慮使用 EPO、PPO 或 HDHP。
  - 如果否，你可能想省點錢，考慮使用 HMO、POS 或 HDHP。

我鼓勵你先計算，找出最能符合你醫療需求的保險計畫。許多保險公司或經紀人都有試算器，你可用來模擬不同的情況。

表 14.2：醫療險決策彙整表

	承保範圍僅限醫療網內	承保範圍包括醫療網內外
專科醫師需要轉介	HMO	POS
專科醫師無需轉介	EPO	PPO

HDHP 可建構爲 HMO、EPO、PPO 或 POS。

▬ 失能險

如果你生病或受傷，有一段時間無法工作，你和家人是否能夠負擔你的生活開銷？失能險的宗旨就是在這種情況下（短期或長期）保障你不致發生財務困難，具體取決於你所投保的保單類型。

▬ 雇主提供的保險

如果你在一家公司工作，那麼你可能已經有了一些雇主所提供的保險。雇主提供的短期失能險通常可持續長達六個月，平均可保障你薪資的 60% 至 80%。當短期失能險結束後，長期失能險開始啟動，可一直持續到你的社安金退休年齡爲止（即：也就是六十幾歲）。一般來說，長期失能險的薪資保障比例低於短期失能險。

如果你在公司工作，在投保附加險之前，請核對你的失能險，並確認下列各要點：

- **承保金額**：公司承保你薪資多少比例？承保範圍是基於你的總薪資（本薪、分紅、配股）還是僅基於本薪？
- **承保期間**：你的短期和長期失能險啟動和結束時間是何時，分別能維持多久？
- **等待期**：你需要等待多長時間才能獲得扶助金？（你可將等待期想成類似於自負額，只是它並非基於支出金額，等待期是基於時間。）
- **稅前或稅後**：你的扶助金是否要繳稅？雇主提供的短期失能險通常要繳稅，但如果後續的保費你是用稅後的錢支付，則長期扶助金可不必繳稅。

  如果你能選擇，請用稅後的錢支付你的長期失能險保費，而不是讓公司支付保費。這樣一來，你所獲得的失能扶助金無需繳納聯邦所得稅，扶助金可直接用於生活開銷，而不必上繳政府。

接下來，回顧一下你在第 4 章和第 5 章中所做的練習，了解你需要多少比例的薪資才能支付日常生活費用。如果雇主為你投保的失能險所理賠的比例，比你需要的還少，你可能需考慮追加失能險，同時還要檢視你是否有減少生活開支的空間——無論是現在，還是失能時。

如何選擇失能險

選購長期失能險時，你需要確認下列規定：

● **保費**：你每月或每年支付的金額。雖然你的保費是取決於保單的特定功能，但線上保險公司 Policygenius 估計，在大多數情況下，保險年費應為你年薪的 1% 至 3% [3]。

● **扶助金**：如果需要執行理賠，你每月可獲得的金額。

● **補助期**：你可以獲得扶助金的時間長度。

● **等待期**：你需要等待一段時間，扶助金才會開始發放。

● **失能定義**：當你符合失能資格，這個名詞表示你能夠獲得扶助金，通常會分為「不能做自己本行的工作」（own occupation）和「不能做任何的工作」（any occupation）兩大類。「不能做自己本行的工作」表示，如果你不能做自己本行的工作，即使可以從事其他職業，也有資格獲得扶助金。「不能做任何的工作」表示，唯有你無法做任何「有償職業」（gainful occupation）才能領取扶助金。

產險

無論你是租屋還是自有，你都需要買保險，來保護個人財物和房屋不受火災、強盜、暴風雨和其他不太好的事件影響。產險保單在保障方面可能會有所不同，因此在選購時要仔細檢查各種保單的條件。例如，基本承保範圍通常都將地震和洪水

排除在保障範圍之外。

即便如此,房客和屋主的保險均提供下列承保範圍:

- **個人財產**:保險可以保護你的大部分財產,包括家具、衣物和電子產品,但請務必閱讀小字部分,因為某些保單對珠寶、藝術品、地毯和壁毯可能有設限。
- **額外生活費用**:如果你因承保範圍內的災難而被迫離家,產險將支付你在修理房屋時產生的額外費用,包括旅館帳單和餐廳費用。但是請注意,並非所有災難都被視為「承保」災難,例如臭蟲侵擾。
- **責任險**:如果有人在你的財產上受傷,或你因損害他人財產而被起訴,保險將為你提供保障。

屋主保險包括下列附加承保範圍:

- **建築物險(Dwelling)**:如果在某些事件中受損,屋主險將保障你的房屋、車庫和儲藏屋。

重建成本與實際現金價值

在找產險時,你可以依據個人財產和房產的實際現金價值或重建成本來投保。大多數的屋主保單會根據重建成本來保障

房屋的結構（即產險計畫中的「建築物險」部分），根據美國
保險資訊協會（Insurance Information Institute）的說法，你的個人產
險會受限在房屋保險一定的比例，通常是 50% 至 70%[④]。州
立農業保險公司（State Farm Insurance）保險經紀人艾瑞克・薛普奇
（Erik Chiprich）指出，根據他在保險業中工作十年的經驗，從未
出售過基於實際現金價值的屋主保單。即便如此，確認你購買
的保險類型總是好的。

承保範圍的差別很重要。重建成本的承保範圍，可賠償你
重建房產的全部費用，而實際現金價值的承保範圍，則考慮房
產的使用年限以及任何損耗，可賠償你用於重建房產的全額費
用（折舊費用較少）。另一種考慮實際現金價值的方法是，房
產在損壞發生前，人們願意支付的金額。

為了釐清你需要的個人財產金額，請在電子試算表中製作
一份財產庫存清單，寫下每一件財產的估計價值。對於最重要
的財產，例如家具和電子產品，請拍照存檔，然後將清單和照
片一併上傳到你常用的雲端儲存供應商。等到萬一你需要索賠，
這些照片和清單會非常有幫助。

我為何終於決定購買租屋險

多年來，我都認為買租屋險是不值得的。自然災害或搶劫之類不幸事件，不大可能發生在我家。

後來有一天，我們這棟大樓的管理員突然大聲敲門，著急地問我：「你家天花板有沒有在滴水？」

我心想，這是什麼怪問題，所以我回答：「沒有啊！難道應該要滴水嗎？」

管理員解釋說，大樓有位住戶當天早上想要沖澡，但是由於剛好在進行例行檢查，所以大樓的自來水總開關被關閉了。由於沒有水出來，該住戶忘記將水龍頭關起來，就離開公寓去上班了。當天下午稍晚，大樓的自來水恢復供水後，住戶的浴缸水就滿了出來。不僅他的公寓淹水，周圍住戶家裡也一併遭殃。

當時，我馬上就意識到我需要租屋險——每月 10 ～ 20 美元，不僅可保護我的個人財物免遭不測，還可保障我免受他人日常行為和錯誤影響。

取決於你擁有財產的保障

⬤ 車險

　　如果你擁有一輛車，你就必須要保車險，有助於保障你的車受到損害，或是因你的車所引起的損害。美國各州對車險保單都有不同的最低要求，保障大致包括 1) 責任險，2) 維護人身傷害，3) 保障未投保或投保不足的駕駛人。

　　了解你的車險保單的各單元部分，以及根據個人情況，目前的承保範圍是否足夠，這一點非常重要。對於某些類型的承保範圍，例如人身傷害保障，各州的最低承保範圍已大致足夠，尤其是如果你已有醫療險和失能險。另一方面，如果你擁有大批資產，那麼最低需求的責任險可能無法滿足你的情況。

　　與其他保單一樣，你希望在保障啟動時，能夠維持月繳保費的平衡。如果你提高自負額，月繳保費就會降低。

⬤ 傘護式險 / 責任險

　　雖然你可能藉由產險、車險得到一些責任險的保障，但可能不足以涵蓋大筆索賠，因此無法充分保護你的金融資產。此時，就可以考慮傘護式險。

傘護式險保單在其他保險的承保範圍之外，另外為你附加責任險。例如，假設你造成了一場車禍意外，對方駕駛人員因人身傷害和無法工作而蒙受的薪資損失，索賠 100 萬美元。不幸的是，你的車險保單對其他駕駛人員的保障範圍最多只到 40 萬美元。擁有傘護式險，能夠幫助你填補這 60 萬美元的缺口，保護你辛辛苦苦累積的存款，不致彈盡援絕。

傘護式險通常最低保額為 100 萬美元，每單位增加為 100 萬美元。對於你所獲得的保障範圍，傘護式險相當實惠。一份 100 萬美元的傘護式險保單，你每年只須繳付 100 ～ 300 美元。經驗法則是，選擇一張足以保護個人淨值的傘護式險保單。我建議每年至少要評估一次你的保障範圍，確保傘護式險會隨著你的淨值增長而增加。

如果有人倚賴你收入的保障

■ 壽險

壽險提供了一張安全網，如果你死亡，依賴你收入生活的人就能夠生存下去，有錢可以支付生活費。如果有人在經濟上依賴你，包括配偶、孩子或其他家庭成員，你必須購買壽險保單。如果你擁有大筆資產，足以在你過世後撫養家屬，則可能不需要買壽險。

　　對於在公司上班的人來說，你可能已經投保雇主所贊助提供的壽險保單。公司的壽險保單通常會提供至少 5 萬美元的保障範圍，並可根據你的薪水或總薪資選擇在此金額之上增加保障。不過有些問題：你所投保的保障金額，可能無法滿足你的需求，而且一旦離開公司，你也不見得會帶走這張保單 ⑤。如果你能夠將保障移轉為個人保單，則承保範圍和保費金額可能會有很大的不同（換言之，會更高），這取決於保險類型、你的年齡和健康狀況等其他因素。因此，如果有人靠你的薪水養家，你也還沒有財富自由，那麼購買一張不受限於雇主的壽險保單就很有必要，特別是如果你離退休或財務自由還有很多年的話。

▬ 定期壽險與永久壽險

　　壽險保單通常分為兩大類：定期壽險和永久壽險。定期保險的運作原理是為你的生命暫時提供一段時間的保障，通常為一到三十年。如果你在此期間過世，保險公司會向你的受益人支付身故保險金。假設你投保一張為期二十年的終身保單，身故保險金為 100 萬美元。如果你在未來二十年內任何時間過世，你的受益人將獲得 100 萬美元。但是，如果你在二十年後過世，你的受益人將拿不到一分錢。

　　另一方面，永久壽險的時間較長，包括了你整個生命，因而得名。永久壽險除了提供身故保險金，還具有投資成分，稱

為保單現金價值（cash value），會隨著時間而增長，還可以借貸。終身壽險有很多變形，包括傳統終身壽險、萬能壽險（universal life）、變額壽險（variable life）、變額萬能壽險（variable universal life）。

在決定是否購買定期或各種永久壽險時，應考慮下列因素：

- **我的需求是暫時還是永久的？**如果你像大多數人一樣，可能只是暫時需要壽險，在一段時間內讓你的家屬能夠還清房屋貸款，取代你原來的收入。在這些案例中，購買定期壽險會比較合理。在某些案例中，你對壽險的需求超過三十年，或是有獨特的稅務和規劃，那麼永久壽險保單就值得研究。

- **我需要這份保單多長時間？**如果你的需求是暫時的，你鎖定的是定期壽險保單，這個問題的答案應反映出你需要多長時間去保障受益人的收入。有年幼子女的家庭通常選擇的保單，是保障到最後一個孩子大學畢業為止。其他人則可選擇在退休目標日期之前保障自己的收入來源，屆時，被撫養人可能都已經存夠錢，足以支應生活開銷。

- **我的遺族需要多少保險金？**身故保險金的多寡應該能反映：a) 受益人的生活費用，2) 這些人需要支付生活費用的時間長短，以及 3) 他們需要付出的其他主要支出或儲蓄目標的金額。

　　表 14.3 整理了這三種變化條件，幫助你估計可能需要的壽險額度（亦可見於 www.workyourmoneybook.com）。在你填入適合個人情況的金額時，請注意不要重複計算，只需將同樣的費用在前期和持續需求中都算一遍。例如，如果你分配了還清房貸的錢，要確定從所需的年收入中減去每月的房貸支出。最後，在簽訂保單之前，請務必先與財務專業人士確認數字。

表 14.3：估算壽險需求

持續的需求	
(1) 年收入需求	
(2) 遺族的年收入	
(3) 需要投入的年收入（1-2）	
(4) 取代收入共幾年	
(5) 需要取代的持續總需求（3x4）	
前期的需求	
(6) 喪葬費	
(7) 尚待償還的房屋貸款	
(8) 房貸以外尚待償還的借貸	
(9) 大學基金和其他尚未投入資金的需求	
(10) 其他前期需求	
(11) 需投入資金的前期總需求（6+7+8+9+10）	
(12) 估計的壽險需求（5+11）	

- **我的保單需要加入投資成分嗎？**定期壽險是純保險，而終身壽險則將壽險和投資成分結合在一起。如果你打算遵循前面各章中所介紹的儲蓄和投資指導，你的保險可能就不需要有投資成分。但是，如果你需要強制儲蓄的功能，那麼永久壽險保單的投資成分便可發揮這種作用。

- **我能夠負擔金額？**無論哪種保單最適合你的需求，最終成本都是決定性因素。根據個人理財公司 NerdWallet 的數據表示，一名三十歲男性為 100 萬美元的終身壽險（一種永久性保險）每年需支付大約 9,283 美元，但如果是 100 萬美元的三十年期壽險每年只需支付 657 美元，在這個例子中，永久壽險的價格要貴 14 倍 [6]。除了比較貴以外，有些人手邊可能根本沒有多餘的 9,000 美元（或更大金額）可以挪用來購買永久壽險保單。

　　當然，在某些情況下，購買永久壽險保單是有道理的，但對多數人來說，定期保單通常就已足夠。流線財富公司理財規劃師大衛・歐倫斯基 說：「我從未向任何客戶推薦永久壽險。對絕大部分的人來說，最好是買定期壽險，然後把多出來的錢拿來投資。」

遺產規劃

遺產規劃讓你可以為自己的資產和親人預先訂定計畫，一旦你發生意外過世或失去行動能力，就不必任憑各州法律規定，或法官的自由心證。特別是，你可以確保資產轉移給適當的人。如果你過世，還可以指定信賴的親友為你照顧孩子或寵物。如果意外導致你失去行動能力但仍存活，也可以指定人們為你進行財務和醫療決策。

「當有人過世或失去行動能力時，很多事情都會出錯，而且必定會出錯。」紐約遺產規劃律師安東尼·福特（Anthony Ford）說。「遺產規劃是一種主動照顧家庭和親友的方法，可確保他們得到適當的照顧，不致因法律責任和難以抉擇的問題，造成家族衝突。」

無論你年紀多大、健康狀況或資產淨值多寡，都需要花一些時間仔細想清楚你的遺產規劃。即便如此，所需的遺產規劃的程度，仍取決於你的具體情況。剛畢業幾乎沒什麼資產的大學生，不太需要立定遺囑說明如果自己過世，小熊維尼收藏品應該歸於父母。此外，有孩子的已婚夫妻就可能需要更全面的計畫，確保孩子在沒有父母的情況下能夠得到周全的照顧。

讓我們一起來看這些運用於遺產規劃的主要工具，包括遺囑、醫療照護委託書、生前預囑以及授權書。

▬ 遺囑

我們都很熟知遺囑的概念。如果你過世，遺囑讓你能控制誰會得到你的東西，例如支票帳戶和應稅券商帳戶裡的錢（以及你的義大利濃縮咖啡機、那張頂級 Herman Miller 赫曼米勒辦公椅，還有坐了五年的墊子）。

如果你有小孩或寵物，遺囑還讓你能夠確定誰來擔任監護人，也能為你關心的人（包括未成年子女）建立信託。為未成年子女建立信託，你可以避免兩種不利的情況：一種是子女在 18 歲時立即獲得大筆遺產；另一種是在你和配偶均死亡的情況下，州政府會成為你財產的監護人。

最後，你還要指定一個執行人，一個你信任的人，這個人將負責執行遺囑中的指示。

▬ 醫療照護委託書和生前預囑

當你發生無法溝通表達，或自己不能決定的情況，你可以用醫療照護委託書（Health Care Proxy）和生前預囑（Living wills）這兩種遺產規劃工具，幫助你確認執行某種特定的醫療決策。具

體來說，在各種不同的情況下，醫療照護委託書讓你選擇誰可以幫你做出醫療決定，生前預囑則讓你選擇想要什麼醫療決策。你可同時擁有醫療照護委託書和生前預囑，或者只選一種。

如果你打算與遺產規劃律師合作，請向他們詢問建議，以便了解哪種醫療險計畫方案最適合你。如果你的情況只需要最低程度的遺產規劃，即可利用線上的標準表格（各州大多都有提供這些表格），完成你的醫療照護委託書和生前預囑。

━ 授權書

就算是遇到需要急診醫療這麼慘的情況，我們仍得要付醫療帳單，一張都逃不掉。授權書（power of attorney）可確保在你失去能力的情況下，有誰可代替你處理這些財務事宜。你可授權此人（或多人）代表你執行一系列行動，例如出售房產，簽署法律文件，結清或開設帳戶，執行商業交易。

其他轉移資產的方式

雖然遺囑可用來將資產轉移給適當人選，是一個關鍵工具，但並不是唯一可用的工具。事實上，由於遺囑必須經過認證，反而不具有其他遺產規劃工具的優勢。遺囑認證是一種法律程序，用於確認遺囑、支付遺產剩餘的任何債務，並

適當分配資產。遺囑認證的過程可能會增加成本，並可能造成受益人取得你的資產時，會延遲長達一年或更長時間（取決於各州）。

由於藉由遺囑來轉移資產，具有潛在費用和低效率，你可能會考慮使用指定受益人，聯名帳戶和財產，以及在某些情況下利用生前信託作為替代的遺產規劃工具，這樣一來，便可完全或部分繞過遺囑認證。

▬ 指定受益人

許多帳戶允許你指定一位受益人，如果你已過世，此受益人便能繼承你的帳戶，但遺產無須先經過遺囑認證。具有指定受益人（beneficiary designations）的帳戶包括：

- 退休帳戶和壽險：你可在受益人表上填入受益人的名字，以繼承你的退休帳戶（例如 401(k)、403(b)、IRA、壽險保單、年金和 529 計畫等教育儲蓄帳戶）。
- 死亡轉移帳戶：也可以在銀行帳戶和證券帳戶中加入受益人。具有受益人的銀行帳戶稱為「死後支付」帳戶，而具有受益人的證券帳戶稱為「死後轉移」帳戶。

> ### 財務健康提示要點
>
> 請你每年檢視自己的指定受益人，保持在最新狀態。

▬ 帳戶和財產所有權

根據美國金融業監管局，一些聯名帳戶或財產 [⑦]，可允許裡面的資產無須進行遺產認證便可繼承，包括生存者財產權共有（joint tenants with right of survivorship，JTWROS）或夫妻共有（tenancy by the entirety）等聯名帳戶或財產。在這兩種情況下，如果一位共有者過世，所有資產無須經過遺囑認證就可移交給另一位共有者。夫妻共有的運作方式，與生存者財產權共有是相同的，但夫妻共有僅存在某些州，並適用於已婚夫妻。

▬ 生前信託

生前信託（Living trusts）讓你可以指定自己過世後應以什麼方式確實分配資產，而無須負擔遺囑認證的費用和麻煩。還有另一項額外好處，生前信託可保你的遺產細節訊息不公開，這些是好消息。

壞消息呢？建立生前信託需要處理一些額外的工作，還要

預付較高的前期成本，對某些人來說可能不必要。福特表示：
「對許多人來說，尤其是年輕專業人士和已婚夫妻，避免遺囑
認證有更簡單的方法，例如聯名帳戶和指定受益人。」

然而，在某些情況下，生前信託可能會有所幫助。例如，
在美國不只一州擁有遺產的人，有幾個州都可能會對其遺產進
行遺囑認證程序，便可利用生前預囑來避免這種情形發生。如
果你正在考慮生前信託，我絕對建議你先去諮詢遺產規劃律師，
以了解你個人情況的利弊。

沒那麼困難，是吧？

恭喜，你在令人畏懼的保險和遺產規劃議題上，完成了自
我教育！根據所學的一切，你已準備好要採取下列步驟來保護
自己的財富。

- 重新檢視你現有的保單，以確認承保範圍符合你的需求。
  根據需求來修改保單條款，包括調整自負額或改變醫療險
  計畫，以更加符合你的情況。
- 列出你還沒有但需要的保單。研究保險內容，聯繫保險
  專業人士以了解關鍵條款並確定報價，然後使自己得到
  保障。

● 確定你的指定受益人和帳戶名稱正確無誤，並考慮在日曆
上設置週期性活動，以便每年可重新檢查一次這些事項。

● 如果你沒有準備遺囑、醫療照護委託書、生前預囑或委託
書，可能需要與遺產規劃律師洽談，以了解你的需求及草
擬規畫的成本。

PART 5

如何堅持到底並享受旅途

「在一個用盡心思要你做別人的世界上，你卻盡力做自己，這意
味著你要與人類最艱難的戰爭搏鬥，並且永遠無法停止奮戰。」

——康明斯（E.E. Cummings）

現在，你已掌握了自己的工作和財務策略（太棒了！）你可能
會想：「我從這本書中已經得到了想要的東西，難道不能繼
續過我的生活嗎？」但請你再堅持一下。最後這幾個章節中包含
了寶貴的訊息，這些訊息可能會影響你是否能夠達成既定的目標。

我相信你可以從經驗中了解到，即使是最完善的計畫也可能會出
錯。在前進的過程中，你不可避免地會遇到一些曲線變化球，造
成你可能會停下來，想知道自己一直以來的想法是否都是錯誤的，
當然會有錯。但在第 5 部分中，你將學習一些戰術來武裝自己，
幫助你在困難的時候保持在正確的軌道上——這樣你就可以確保
一切的辛勞都能得到回報。

工作和金錢的決定之所以如此困難，原因之一就在於很少能有直
接了當的答案，經常會涉及到實際的犧牲。例如，即使有學貸在
身，你是否應該為一個更適合的職務而放棄一份收入豐厚的工作？

即使可能會錯過一些美好的回憶，你是否應該為了節省開支而縮減旅行？為了實現財務目標，搬家到花費較低的地區居住，但卻意味著必須遠離親朋好友，這樣做是否有意義？

由於在這些不同情況下做出正確的決定是很主觀的，因此想要遵守你所確認過的優先事項會很困難——尤其是如果這些事違反了傳統準則或與親朋好友的意見互相牴觸。隨著人生境遇的變化，你可能還需要調整個人優先事項。（完全沒問題！）在接下來的段落中，你將學習到，當遇到自我懷疑的時候該怎麼辦，以及該向誰求助。然後，你就要開始行動了！

第 15 章

別把精力放在
你無法掌控的事情上

如果你已經堅持到這一章了，恭喜你了！我還以為你會在保險和遺產規劃那裡陣亡呢！（那真的有點難熬，對吧？）

但是說真的，幹得好。到目前為止，你可能已經開始制定一項行動計畫，來幫助你平衡事業和財務目標，這件事本身就是一項成就。但是，我想你也明白，設定目標只是成功的一半。事實上，堅持到底，可能才是最困難的。

新年健身計畫就是最好的例子，可以看出要努力實踐自己所設定的目標，對我們所有人是多麼困難。每年 1 月，健身房都會擠得水洩不通，除了健身常客，還多了許多下定決心要減

肥的新手。但是到了 2 月，健身房基本上都會變得空蕩蕩，又回到只剩下常客的狀態。

　　簡言之，改變很困難。你必須要開始建立一個熟悉的習慣，就算它不可能很完美，但在此刻，熟悉的感覺比嘗試新事物和增加責任更好。此外，跟多數人一樣，你可能會覺得自己再不行動就沒時間了。如果你從親朋好友那裡所聽到的回應都與你的目標相抵觸，或者想要平衡自己的身心健康的努力都徒勞無功時，你可能特別沮喪。

　　我完全明白。因此本章將概述幾個策略，幫助你以健康、快樂、而且有效的方式，實現自己的目標。好，讓我們開始吧！

克服面對失敗的恐懼

　　往新的道路前進，最常見的阻礙之一是害怕失敗。還記得當初失業時，我腦海裡不斷冒出這些想法：如果踏上這條路，卻無法完成我們的目標，那該怎麼辦？如果只是浪費時間，那還有什麼意義？。

　　以下的策略可幫助你，更輕鬆地面對失敗，讓你能夠朝著目標前進，並在遇到阻礙時能夠迅速重新打起精神。

● 掌握正確的心態

　　史丹佛大學心理學家卡蘿・杜維克（Carol Dweck）博士在她的《心態致勝》（*Mindset*）一書中解釋說，你看待自己的方式會影響你如何生活——影響遍及你所設定的目標和所下的決定，以及你是否能夠實現對自己很重要的事 ① 。

　　杜維克經數十年的研究發現，人們看待自己的能力，分成定型和成長兩種心態。定型心態的人相信個人技能、才智和天賦是一成不變的。另一方面，成長心態的人則相信他們可以建立並改善這些特質。杜維克還發現，人們的心態會因不同的活動而異。例如，一個人在數學方面可能是定型心態，但對運動卻是成長心態。

　　杜維克說，具有成長心態的人，最有可能達成任務，因為這樣的人容易專注於成長和學習，不需要一再試圖證明自己。正如她所說，「即使在（或尤其是）狀況不好的時候，也要迎向挑戰，堅持到底，這是成長心態的展現。這種心態，能讓人在面臨生命中的困難挑戰時，能夠成長。」

　　在我年輕的時候，不能達成目標常常會打擊我的自信和自尊，這是標準的定型心態。直到年近三十失業後，我才開始轉變為成長心態。發現杜維克的研究後，我意識到，我一直認為

自己被裁員是個糟糕透頂的結果，壓根沒把它當成是一個學習的機會，反而能幫助我達成最終的職業滿意度目標。

雖然是個簡單的發現，卻是我的重要轉折點。懷抱著成長的心態，我發現我仍然可以運用和建立我在投資銀行業磨練出來的分析技能，去一個更適合我的理想生活的行業工作。幸運的是，當我在 Google 展開新工作時，終於找到符合要求的工作。我在生活中遇到挫折時，經驗鼓勵我要採取積極進取的心態——包括讓事業和財務最佳化。

▬ 讓個人身分更多元化

另一個克服面對失敗恐懼的策略是多元化（不要把所有雞蛋都放在同一個籃子裡）——前面我們就你的職業和投資策略曾談過這個概念。但是，你也可以藉由採取目的性步驟，讓自己的身分多元化，避免僅根據生活的單一面向，如職位名稱或支票帳戶大小，去定義你自己。換句話說，身分多元化指的是，要重視使你成為獨特自我的一切特質。

《一週工作 4 小時》（*The 4-Hour Workweek*）作者，科技業投資人提摩西・費里斯（Timothy Ferriss），同樣支持身分多元化可獲得好處的觀點。在一次線上訪談中，他解釋道：「當你有了錢，多元化投資總是明智的。這樣一來，如果其中一個投資付諸東

流，你也不會失去一切。多元化身分也是明智的，可將自尊和你關心的事物，投資到各種不同的領域（商業、社交生活、人際關係、慈善事業、體育運動），如果其中一個領域跌落谷底，你也不至於完全陷入絕境，情緒崩潰。」②

費里斯所描繪的情境，我可說是歷歷在目。當我在金融業工作時，我的情緒幾乎完全被我的工作狀況左右。當然，如果我那天工作情況很好，會覺得自己所向披靡……但如果碰巧遇到狀況不好，很快就會陷入沮喪的深淵。但近幾年，自從我開始做副業，優先考慮家庭關係，讓自己的身分多元化，因此我比較能避免極端的情緒波動，同時，在面對生活各方面的決定時，也愈來愈有自信。

你也會發現，多元化的身分可助你脫離自我懷疑所發出的訊息，這些訊息可能會阻礙你實現個人事業和財務目標。除此之外，多元化的身分幾乎肯定會使你更快樂——誰不想要呢？

▬ 不要把自己看得太重

電影《留級之王》（*Van Wilder*）中，由萊恩・雷諾斯（Ryan Reynolds）所飾演的主角，對剛踏入大學的新鮮人們提供以下這段建議：「提米（Timmy），知道我在柯立芝（Coolidge）學院讀

了七年書，學到了什麼嗎？那就是，不要把一切事物都當成是生死攸關的大事，不然你會死很多次！你可以把這句話寫下來。」[3]

就像提米一樣，過去我總是習慣於把生活看得很嚴肅，尤其是在工作方面。因為我對自己的工作狀況沒有把握，所以會對建設性的回饋意見採取防禦態度，犯錯時會過度反應，試圖掩飾自己的缺點。因此，每當有新專案或機會出現時，大家的首選名單中保證不會看到我的名字，這也難怪了。

幸運的是，我在 Google 時遇見了一位導師，他是我的老闆，他幫助我認識到自己處事上的錯誤。當我看到他如何用比較輕鬆寫意的態度來處理工作狀況時，內心突然明白，是我為自己的生活帶來麻煩。於是我開始變得放鬆，看到事物好的一面，還發現了一些意想不到的好處，例如與同事之間的關係更緊密，更持久，工作表現更出色。最重要的是，我能夠建立復原力，這種技能幫助我忠於自己的事業和財務目標核心，同時也為我提供改善的機會。

當我請教《我教你變成有錢人》（*I Will Teach You to Be Rich*）作者拉米特·塞提（Ramit Sethi），問他會給二十一歲的自己什麼建議時，他說：「我要告訴自己，放輕鬆，開心一點。回想當年，

那時的我非常固執死板,但也從沒成功過;我最成功的時候,反而都是當我態度隨和圓融的時候,無論在人際關係、財務和職業上皆是如此。」

騰出時間

多數人都會感到時間的壓力——想要擁有足夠的時間,能夠把時間管理的更好,不想讓時間溜走,這種心境普遍到讓許多樂團都為此寫過歌,例如:聚合的靈魂(Collective Soul)、混混與自大狂(Hootie and the Blowfish)、老鷹(The Eagles)、平克‧佛洛伊德(Pink Floyd)等。

好消息是,有一些簡單的方法可幫助你善加利用自己的時間,進而實現自己設定的目標。

審核自己的進度

我們大多數人都不了解自己是怎麼度過時間的——即使我們認為自己很了解。蘿拉‧范德康(Laura Vanderkam)在她《168小時》(168 Hours)一書中,建議人們以 15 分鐘為單位,記錄一週的行程,好了解自己做了什麼活動,以及進行的時間 ④。范德康說,人們經常會驚訝地發現自己實際上是怎麼用掉時間的。一旦了解自己度過時間的方式,就可抓住機會簡化行程表,調

整某些活動的時間長度或頻率，甚至完全刪除。

　　我自己做這個練習時，發覺我在每場會議之間浪費了很多時間，這些會議之間的空檔大約只有幾小時或更短的時間。由於這些零碎的時間不夠用來做深入的策略性工作，因此我經常是到網路上閒逛，看看臉書上我其實不怎麼關心的人有沒有更新，或者是上網購物，而不是用來提高生產力。因此，我決定進行一個關於此問題的實驗，看看如果把類似的活動集中在一起進行，會有什麼效果。例如，把所有會議行程安排得更緊湊，並且每天空出連續幾個小時的時間，來進行策略性任務。

　　實驗效果比我預期的還要好。新做法不僅幫助我減少了每個活動之間所浪費的時間，還減少了在不同類型任務之間重新適應所帶來的轉換成本。我鼓勵你也試試看將類似的活動串連起來。如果你的經歷與我相似，你會驚訝地發現自己在工作和個人生活，都多了更多的時間。

━━ 在行事曆中安排個人和專業活動

　　我們大多用線上行事曆應用程式來幫助管理我們的待辦事項，包括會議和個人約會。但我猜，其中只有極少數人在工作以外，也以相同的方式使用行事曆。也許我們應該這樣做。

　　線上藝術電商 Artsy 執行長兼《職業宣言》(*The Career Manifesto*) 作者麥克‧史德伯(Mike Steib)建議使用行事曆來安排一天中的所有時間。「將你的行事曆的每一小時都填滿對你來說必要或重要的事情,甚至包括睡覺、用餐和做運動,」史德伯說。「一開始可能會覺得很難執行,但是隨著時間過去,這個系統會幫助你改變生活,使你的個人時間能夠用來做真正優先重要的事,提高你的生產力。」

　　我自己就是這項策略的獲益人。要特別先提到的是,我以前有個習慣,會在週末一直重複看電影《回到未來》三部曲(是的,連《回到未來 3》也都有看),來放空自我。不過,當我開始將所有活動都寫進行事曆以後,我就能持續追蹤自己真正想要做的事,重新找回個人時間。就算過了幾個星期,我還是能回頭去參考前面的行程,找出對自己最有效的安排。例如,我發現早晨是做運動的最佳時間,而經過一場大型會議或簡報之後,最好有一兩個小時的充電時間;還有,我寫東西一次最多無法超過四小時。

　　另一個額外的好處是,從懷舊的角度來看,這個方法能讓你回顧從前利用時間的方式。我在回顧自己行程時,會想起一些美好的晚宴,與朋友共度夜晚和一些重要的里程碑。

充分利用早晨

從前，我很喜歡在週末大睡特睡。經過一個星期漫長的上課或工作，我覺得理所當然可以一直睡到上午 11 點。現在則否。在我審查了行程安排，將個人和專業承諾都安排到行事曆上之後，我發現，早晨經常是我完成艱鉅任務的黃金時間。

富蘭克林柯維（FranklinCovey）顧問公司業務發展執行副總兼行銷長，史考特・米勒（Scott Miller）說，他一直都是早鳥型的人，但是近來他改變了對早晨的看法。他解釋道：「現在不只是在早上高效率的工作，我開始思考的不僅是能完成多少工作，更重要的應該去完成哪些內容。我的想法是，如果能在一天裡的前段時間完成某些工作，那麼在一天剩餘的時間裡，會讓我工作更有效率，壓力變小，更輕鬆。你應該已經猜到答案了，該提早完成的內容通常是解決一項困難的任務，或者是我一直在逃避的事情。」

但是你不必像米勒一樣天生是早起的鳥兒，一樣可以充分利用早上的時間。想一想目前你是如何度過這段時間的，如果你重新安排行程，你打算達成什麼目標？然後放手去做！你應該會發現，早晨比一天中其他任何時間都能夠完成更多的事情，因為你經過一夜的睡眠，恢復了精神，並且也沒有工作時間內自然產生的干擾。

面對別人

別人可能會對我們造成重大的影響，包括我們生活中會做或不會做哪些事，我們運用時間和金錢的方式，以及我們對自己的看法。雖然你不能控制別人做出會影響你的行為，但可運用一些策略來控制別人對你和你目標的影響。

▬ 讓批評者閉嘴

在人生旅途中，你可能會面臨來自親朋好友甚至不認識的人批評。我當然也聽過不想聽、沒資格批評的回饋——尤其是針對我事業中的一些決定。

例如，當我從銀行界失業，決定轉行後，我認識的每個人幾乎都有強烈的意見，就是憋不住一定要告訴我。朋友、家人和前同事通通大聲說：「你瘋了嗎？你為什麼要離開金融界？你不喜歡賺大錢嗎？」甚至有幾個人還斬釘截鐵地說：「你不可能轉行到科技業啦，高科技公司為什麼要僱用你！」

而當我在 Google 做全職工作，第一次創辦了一家理財規劃公司時，人們也不停地質問我，「你為什麼想做這種事？這不是要花很多時間嗎？你做這個能賺多少錢？」他們問道。

　　回想從前，我發現許多批評都是受限於個人思想，或是他們對工作和金錢的迷思。這些想法可能影響了他們的生活，或許還損害了他們的幸福。但是在當時，這些有意無意的帶刺語言，讓我開始自我懷疑。

　　暢銷書《原子習慣》（*Atomic Habits*）作者詹姆斯・克利爾（James Clear）意識到從批評中谷底反彈有多難。他說：「很多時候，批評可能是無意的，甚至有人可能都不知道自己在批評你。面對批評時，你將面臨這樣的抉擇：究竟要犧牲人際關係還是放棄自己的目標。如果是朋友或家人批評你，由於人際關係和目標兩者都很重要，因此抉擇會很難。」

　　但正如我所見，批評無處不在——因此我們需要做好準備，以健康和有效的方式來處理。克利爾建議：「根據令你覺得舒服的程度，可有兩種策略，一種是直接使用開放式溝通，另一種可用在你認識的人或陌生人，就是隱惡揚善。當有人支持你時，請讚美他；當有人批評你時，試著忘記它。不論批評從何而來，都應著眼於前方的道路而非批評，並利用這些情況，再度對你的工作和目標。」

　　對我來說，我發現「隱惡揚善」這個策略特別有效。例如，當妻子稱讚我工作表現傑出時，我一定會感謝她認同我的

努力；而當她批評我沒有把餐具從洗碗機取出時（當然，這只是假想的情境），我會深吸一口氣，試著忽略批評。讚美好事，忽略壞事。

━ 應對社會壓力

社會壓力在生活中不可避免，也會使我們違背自己真正的願望。還記得上中學的時候嗎？我們會穿上法蘭絨襯衫和寬鬆牛仔褲，只是因為所有人都這樣穿。朋友啊，這就是社會壓力的力量。

由於社會壓力影響深遠，因此我們必須非常注意生活中會與什麼樣的人相處。或者，正如個人發展專家和勵志演說家吉姆・羅恩（Jim Rohn）所說，「把與你相處時間最多的五個人平均起來，大概就是你目前的樣子。」⑤

關於這一點，我鼓勵你身邊要多找一些具有共同目標的人或團體。例如，如果你想存更多錢，結交喜歡低成本活動（例如跑步或讀書）的人會很有益，不要結交豪奢成性，每個週末一定要到昂貴夜店消費的人。尋找具有類似生活方式的人，你就不會為了社會認同而放棄自己的想法。

回到羅恩的評論，我建議你花點時間思考，你花最多時間

相處的五個人。和他們一起混完以後感覺好不好？他們的興趣
和目標與你想要的生活一致還是相反？

➤ 停止在社群媒體和別人比較

　　社群媒體可以是一把雙刃劍。一方面，它可幫助我們及時
了解關心對象的生活，追蹤關注老朋友，甚至可以用來確認發
電郵給我們的路人實際上真的存在。但是，另一方面，它也可
能會欺騙我們，讓我們羨慕，想要擁有別人在數位世界中的完
美生活。

　　我們在社群媒體上關注的故事具有誤導性，這是事實。在
2012 年一項一千多個瑞典臉書用戶的研究中，研究人員發現，
實驗參與者喜歡發布積極正面的更新，而不是負面的 [6]。這很
合理──無論是線上或線下，我們通常都希望盡可能展示自己
光鮮亮麗的一面。但研究人員警告，社群媒體的使用會很快變
成一場比較競賽，造成每個參與其中的人出現不良後果。研究
報告指出：「當臉書用戶拿自己的生活去比較別人看似更成功
的職業和幸福的人際關係時，可能會覺得自己的生活相較之下
並不成功。」

　　為了解決這個問題，克利爾的建議是：「不要將自己整
個人生與別人的精彩片段做比較。除非你想要和別人完全交換

人生，否則互相比較是沒有意義的。你可能看到一位律師在社群媒體上發布了漂亮的度假照片，但你沒看見的是為了這趟旅行，他們必須每週忍受 80 個小時的工作。看清必要得失，不要只看別人生活中成功的一面，否則，只是蘋果比柳橙，沒什麼意義。」

我的個人建議？如果不是你的朋友圈，請考慮隱藏狀態更新。許多社群媒體平台（包括臉書）都容許你在不讓別人知道的情況下這麼做。這種策略既可以讓你享受社群媒體的好處，同時也避免不斷出現自我膨脹的發文，以免你會覺得自己很糟糕或質疑自己。

一路好心情

即便我們討論過這麼多策略，然而在嘗試執行目標時，難免會不時感到精疲力盡或失去平衡。就個人而言，當我有了新想法或要推動一個大專案覺得很興奮時，很快地就會耗盡我的精力──可能是出於興奮，可能是出於壓力，更可能是兩者皆有。不過，實現目標和保持理智，不見得是相互排斥的。你可運用下列一些策略，恢復內心的平靜。

知道何時該說不

從前我很難對人說不，尤其是公事上。就像一條聽話的狗，我會很快放下手邊的工作去幫別人。「這件工作緊急又繁瑣，你明早能完成嗎？」當然，包在我身上！「你知道哪裡找得到這個圖表嗎？」沒問題！讓我花一整天時間幫你找答案！

雖然當下說好並幫助他人感覺很不錯，但這樣做卻迫使我只能拒絕更具策略意義的專案，失去與朋友家人共度的時光，偶爾還無法扮演好自己的角色與責任。你應該能想像這樣會導致的後果。因為我這麼快說好，所以很快地，別人的需求和待辦事項開始凌駕於我之上，這種變化帶給我巨大而不必要的壓力。

好消息是，即便是像我這樣不懂拒絕的人，也可以讓自己的行程規劃重回軌道。為了做到這一點，米勒建議每天問自己幾次，你在做的事是否妥善利用時間——以工作場所來說，這指的是你應該做最能滿足客戶和組織最高需求的工作。米勒表示：「由於我每天要面對很多這樣的考驗，因此我變得愈來愈勇於說不，有時我得對其他好的事情說不，但這讓我可以對有益個人學習、能力或品牌，產生數倍影響力的事情說好」。

近年來，我依照米勒的建議，愈發展現出獨立的思考，可

以說變得比較像貓一樣的謹慎。特別是在回應工作請求前，會暫停一下，問自己是否能完成手頭的工作，是否需要放下手邊的差事。這個技巧讓我更能掌控自己的行程安排，又不致於看不清公司的全局重點。不用說，近來我內心愈發有禪意（相對而言）。

● 保持心理健康

　　我敢肯定你有這樣的經驗：你看著待辦事項清單上的所有事，不知道是否可以全部完成。對我來說，那是金融界週一至週日典型的狀況。在當時的情況下，通常我會得到一個結論，我必須日夜工作，才能趕在截止時間前完成手邊所有的事。

　　回想起來，我發覺，要是我能固定每隔一段時間遠離工作，不要總是忙個不停，可能會變得更有生產力。不過，我相信二十五歲的自己會對這種方法抱持懷疑態度，我可能會這樣回答：「什麼，我有好多事情要做，你要我休息一下？你在做夢吧！」

　　《人生需要暫停鍵》（*Pause*）作者瑞秋・歐蜜拉（Rachael O'Meara）發覺當我們感到精疲力盡時，會害怕踩剎車——儘管這樣做，實際上反而可幫助我們實現目標。她解釋道：「我們經常不願暫停，因為不想看起來像懶惰蟲，或因為停滯不前而

感到內疚。在我們永遠前進的文化中，尤其是在西方世界和企業生命史中，我們因永無休止的待辦事項清單和快節奏而獲得獎勵。」

歐蜜拉說，每天只要休息 4 次，每次 15 分鐘，就可以提高創造力，恢復精神並刺激所有感官。她特別指出，如果你想提高效率，短而頻繁的休息比長時間休息更有益。

在我自己的生活中，我發現自己專注在一項任務的時間是有限的。我通常透過安排時間充電和「專注於當下」來減輕壓力，例如寫日記、做運動、專心喝杯咖啡或關掉我的數位設備。只需記住：工作會永遠等著你，但平靜和快樂需要追尋。

幫助自己

在本章中，你學到許多策略，可幫助你克服內部和外部障礙，實現工作和金錢的目標。值得重申的是，我們所有人在通往生活更加充實的道路上，都會面臨挫折。但是，如果你開始這趟旅程的時候知道自己可運用哪些工具，就能夠快速恢復。

儘管許多辦法，可以依照自己的時間表快速落實，但你可能會發現自己在某些情況下，無法獨自完成。因此，在下一章、

也是最後一章裡，你將了解當你面臨特別複雜的挑戰或需要消
除疑慮時，可以向誰尋求協助。我們都有過類似經驗——但就
如同你看到的，有時小幫助可以讓你走得更遠。

第 16 章

不要一個人埋頭苦幹

在我二十多歲時，在紐約當銀行家，日子過得節儉。舉個例子：每到夏天，我都不開冷氣，而是在脖子掛上一條冰涼的濕毛巾幫助入眠（直到女朋友阻止了我這種愚蠢的舉動為止）。所以你大概可以想像得到，當我精疲力盡想要尋找正確的職業道路或管理財務時，我不打算花大筆鈔票尋求專業建議。相反地，我會尋求朋友和家人的意見──但無論如何，他們都不是專家，他們的建議實際上可能會阻礙我的進步。

雖然我可能是比較極端的例子，但我看過許多人與服務供應者合作時，猶豫不決。我有幾個理財規劃客戶承認，他們之所以遲遲不聘請理財顧問，是因為看不到有形的利益，缺乏信心。我知道這是怎麼回事。如果你想買電視，你在掏錢之前會

先到商店去看看，你可以買到什麼（此外，通常會有某種退貨政策）。但如果是不太具體的服務（例如職業建議、財務建議等），就不能保證會有特定的結果。

不過很顯然地，我對這個問題已經改變了看法。現在，我自己就是服務提供者了。事實是，我從親身經驗中了解，我們都有需要幫助的時候。因此，如果你真的難以實現自己的職業生涯和財務目標，我鼓勵你考慮聘請專業人士。即使你相信自己已經制定了堅實的執行計畫，向專家諮詢還是很合理的。事實上我認為，幾乎每個人多少還是能從專業建議中受益。

在這一章，我們將探討聘請服務提供者是否適合你的情況，服務提供者的類型以及如何選擇。

服務提供者提供的服務

許多人質疑與服務提供者合作是否值得。很遺憾，我無法給你確切的答案。我們每個人定義「值得」的觀點都不同，但可以確定的是，服務提供者提供許多重要的優點，而這些都是你無法自行獲得的。讓我們一起來考慮這些優點吧。

你可以更快得到答案

專業人士通常可協助你以極高效率回答複雜的問題，因為他們以前遇過許多類似的情況。儘管他們可能無法準確告訴你該怎麼做，因為還需考慮你的偏好和優先事項，但他們的建議有助你縮短決策過程。

你會得到公正的觀點

面對現實吧：我們很難給關心的人提供客觀建議。例如，你的父母可能會鼓勵你進入一種特定的領域，因為他們會為此感到驕傲，儘管這不一定適合你理想的生活方式。或是，你的朋友可能會鼓勵你存錢買房子，因為他們希望你住在附近，但他們並不會幫你考慮到你其他的財務目標。正因為專業人士在情感上，與你的處境完全脫離，所以通常更能提供公正的指導，協助你達成目標。

你可避免盲點

直到我成為認證理財規劃顧問，協助客戶規劃財務，工作一段時間後，我和妻子才決定我們應該也要聘請理財顧問。雖然透過培訓讓我獲得了很多知識，但我並不是什麼都懂。我意識到，即使是在我自己的專業領域內，聘請專業人士能夠確保我不會忽略重要的細節。

你可以向誰尋求協助

許多不同類型的服務提供者，可協助你實現個人目標。有些專注於你的整個人生，有些則專注於特定領域，例如你的職業或財務狀況。讓我們花一點時間來認識各種類型的服務提供者。

▬ 職涯教練

儘管所有職涯教練都可幫助人們改善職業的一個或多個面向，但他們各有不同的專業知識、技術和服務領域。

職涯教練可能具有某些特定產業的專業，例如金融、技術、市場行銷，或是特定情況，例如針對應屆大學畢業生進行職業探索，中年轉職，執行領導力培訓等。一旦你確定了目標工作類型，有些教練會著重於求職的戰略面向。例如，有些教練可能會協助你完善履歷和 LinkedIn 個人資料，指導你如何尋找機會，提供面試技巧以及協助薪資談判。有些教練可能會與你合作，主要是將你的興趣和技能與可能的工作連結起來，協助引導你度過探索階段。

任何人幾乎都可以自稱是職涯教練，因為這個頭銜不需要認證或執照。你可尋找過去在招募或人力資源職能方面具有經驗的人，或透過國際教練聯盟（ICF）、履歷寫作和職涯教練專

業協會（PARW／CC）、國家履歷寫作協會（NRWA）等組織尋找取得認證的人，發現更多合格的教練。

理財顧問和規劃師

就像職涯教練一樣，理財顧問和規劃師會因專業領域、服務提供和價格結構而有所不同。

理財顧問通常根據生命階段或境遇，與特定的客戶群合作。例如，你可以找到一些規劃師專門與年輕專業人員、新婚夫妻、退休人員、離婚人士、企業主、醫師和老師合作。他們的服務可以包括舉行一次講習會，集中回答你最急迫的問題，或全面性的規劃組合，以及長期合作關係，其中包括後續管理你的投資。

理財顧問提供的服務種類，會影響他們的費用結構。特別是，提供一次性講習會的理財顧問，通常是按小時收費，而提供一或多次會面制定理財規劃的理財顧問，通常是按固定費用收費。長期與客戶合作的理財顧問，通常會根據管理的投資餘額收取費用，即所謂的資產管理費（AUM）。然而，目前有愈來愈多理財顧問，開始收固定月費來提供這些服務，不再是依據你的收入或淨值多少，或是你財務狀況的複雜程度來收費。

雖然成為理財顧問的門檻很低，你會遇到獲得具有某些特定資格的規劃師，例如認證理財規劃顧問（CFP）、美國註冊公認會計師（CPA）或特許金融分析師（CFA），這些讓你對提供者的專業知識能夠有初步了解。認證理財規劃顧問通常會為客戶各種財務狀況提供不同面向的指導，美國註冊公認會計師則特別專注於稅金，特許金融分析師則具有投資管理方面的專業知識。

▬ 人生教練和治療師

如果你在尋找生活中較大主題的協助，人生教練和治療師可能會是有用的資源。

凱特琳・麥格森（Caitlin Magidson）是職業與人生教練兼認證治療師，她解釋道：「雖然這兩種類型的提供者都致力於幫助人們獲得更大的幸福和情緒穩定，但通常會採用不同的辦法。人生教練經常扮演的是促使你行動的力量，協助你針對特定目標制定行動計畫，然後監控你的進度。另一方面，治療師可以與你一起合作處理情緒，了解與過去或目前經驗相關的行為和想法，這些行為和想法會阻礙你追求目標。」

人生教練和治療師具有不同的認證要求。與職涯教練類似，人生教練不必要有碩士學位層級的訓練或執照，不過有些

人會選擇 ICF 國際健康功能與身心障礙分類系統認證或 ICF 鑑定合格的計畫，獲得教練證書。治療師的認證更加嚴格，包括學士學位、碩士學位和一定時數的監督指導治療。

根據麥格森的說法，教練和治療師都可以為你解決特定的個人問題，或是可以在你未來人生方向和目標的相關主題上，進行更廣泛的合作。例如，有些教練專注於關係和愛，有些則專注於你的財務狀況。同樣的情形，有些治療師以一般慣行做法來治療焦慮症和憂鬱症，有些治療師則在特殊領域具有特長，例如創傷、哀慟和喪親、人際關係，或是特定族群，例如兒童、成人、夫妻或家庭。

如何節省治療費

與上面其他談到的醫療服務提供者不同，與治療師合作有一個好處，有些醫療保險會支付部分費用，但具體要取決於你的保單。因此，如果你在尋找治療師，請重讀一遍第 14 章，其中涵蓋了如何根據個人需求選擇最佳的醫療險計畫。在大多數情況下，你可以將醫療儲蓄帳戶或彈性消費帳戶的資金用於治療費用，幫助你減少應稅收入（可為你省錢）。有關運作原理的進一步細節，請重新閱讀第 5 章。

如何考核服務提供者

考核過程既不容易也不科學，但是你應該花些時間正確進行考核，因為你選擇的提供者將幫助你解決生活中的重要面向。無論你要尋找哪種類型的提供者，都應該考慮以下的因素來決定誰最適合你。

■ 經驗和證書

無論是新人或經驗豐富的執業人員，服務提供者所提供的經驗，都有助於你們共同完成工作。例如，新的執業人員可能會比較專心，反應更快，價格也較低，但可能沒有很多的客戶經驗，也沒有處理過你的情況，因此無法舉一反三。另一方面，經驗豐富的提供者則可能看過各種不同的客戶情況，這對你有利，但可能收費更貴，反應慢，或服務人數有限。

你應該要查看服務提供者的證書，尤其是當你選擇要請人生教練還是治療師時。麥格森解釋道：「我提醒人們，請務必檢查人生教練或治療師的專業資格和教育程度。很多人掛了一個牌子就開始當「人生教練」，實際上卻沒有經過訓練。我要說的是，如果你有任何心理健康問題，要是覺得有疑惑，最好找受過較多訓練的治療師。」

專長

你會想要知道，你考慮要請的提供者，是否專門針對特定類型的客戶或情況。例如，如果你二十多歲，正在尋找理財顧問，那麼主要服務退休人員的服務商就不適合彼此。請自問：這位提供者具有什麼特別的資格，可為我提供服務？

適合 / 融洽

在大多數情況下，在與服務提供者進行合作之前，你會藉由電子郵件、電話或親自與他們互動。在這些事前的互動中，請自問：

● 我們的溝通融洽嗎？

● 我是否真的想要與這個人見面，並可能多次碰面？

● 這個人給你的感覺正向嗎？

● 我是否覺得他們理解我，我可以信任他們，並且願意與他們分享有關我自己的私人訊息？

費用

當然，你還會想知道這些服務會花你多少錢。但是，除了基本的費用之外，你還應該了解下列注意事項：

● 服務提供者如何收費（例如，鐘點費、固定收費或基於其

他公式計算的費用）？大多數治療師是按小時收費，而教
練（財務、人生、職業教練）則按小時或固定收費。理財
顧問通常是按小時收費或固定收費，或根據管理資產的百
分比收取費用。

● 服務提供者是否以其他方式獲得酬金？例如，理財顧問只
向客戶收費（僅收服務費），向客戶收費也另收佣金（服
務費與佣金），或僅收取佣金。

▬ 實際交付成果

你會想要知道，你所支付的費用，實際上可以得到什麼成
果。實際交付成果可因服務提供者的類型而異。例如，治療師
和一些人生教練可能無法提供直接或統一的實際交付成果，因
為每個客戶都有不同的需求。但理財顧問通常會提供較明確的
實際交付成果，例如一份財務計畫，對投資組合後續的監督，
全年特定數量的進度會議（check-in meetings）。

最重要的事

服務提供者可協助你走上正軌，無論你是需要一點推動力
來推進自己的行動計畫，還是需要推手來維持自己的動力，或
者只是想藉由專業人員來運作你的想法。

　　對於某些人來說，決定聘請哪種服務提供者是很明確的。不知道如何投資你的 401k，或五年內是否有能力買房嗎？去找理財顧問。決定換工作，需要有人協助完善你的履歷，鎖定機會嗎？請找職涯教練。其他的情況，決定不見得明確。你可能開始會與某種類型的服務提供者合作，在過程中你發覺需要其他類型的協助。例如，也許你聘請了一位人生教練協助你找尋人生方向，但透過合作，你意識到很多問題都源於過去的經驗，你需要去面對。然後，你可以聘請治療師協助你解決這些問題。或者，也許藉由與人生教練的合作，你決定開始自己的生意，因此需要聘請理財顧問來幫助你，使商業計畫在財務上是可行的。

　　但正如有人曾告訴我，想要與服務提供者合作成功，實現自己的目標必須具備兩件事：勇氣和信念。你必須有勇氣承認你會需要一些外界協助。而且，你必須相信服務提供者將幫助你進一步實現自己想要的生活。

Conclude

結語

很難相信我從兩年多前，就開始寫這本書。當時，我每個月都會幫幾家出版媒體，寫幾篇個人理財文章，這樣的工作量還可以負擔。因此，我想，寫書不會比這些事更難，只要每天簡簡單單多寫一些東西，到年底前就能完成一本書。嗯，結果我嚴重失算（數學長除法從來不是我的強項）！

儘管如此，最後我還是很高興自己能克服萬難，努力在工作和個人生活之間取得平衡。一開始驅使我我行動的，是希望能分享我的經驗、讓讀者可以更輕鬆地駕馭自己的職業生涯和財務狀況的強烈願望，到現在也依然如此。

但是在我們在簽訂這本書的合約不久後，我和妻子發現，

我們即將迎接新生命的誕生時，我的動機開始摻雜了私人因素。因此，在我開始寫作的時候，心裡便將我未來的兒子歐文（Owen）放在心上；也就是說，我要把所有希望教給歐文、關於事業和財務的經驗，全都寫進這本書中。就在我完成初稿後幾天，歐文便降臨到這個世界。

這本書來得太遲了。在我二十多歲大部分的時間裡，事業和財務挑戰就像烏雲罩頂，讓我在失業時陷入了恐慌。為了尋求答案和解決辦法，我拚命地閱讀無數書籍和文章，甚至成為一名認證理財規劃顧問，但其實事情可以不用這麼難。

我對你和歐文的希望是，要儘早開始持續檢視自己的財務狀況，累積一條你需要的財務跑道，並找到有意義的職業，實現財務目標，過著滿意的生活。我希望當你讀完本書後，至少能記住以下四件事。

● 不要限制你能做什麼

我們在第 2 章中討論過，職業迷思或別人的侷限性思想，不要讓這些，妨礙你規劃想要的生活。

我絕不是說，每個人都可以成為太空人或《財富》500 大公司執行長；但我也不認為，你需要在工作上「做得極好」或

「做到死」，才能實現財務自由，過著自我實現的人生。你有大量可用的工具，能讓你事半功倍——你的能力無須受到人為限制。

▬ 習慣不舒服的感覺

當我在念大學時，暑假實習找工作面試，學校的職業顧問和幾位教授建議我準備一份五年和十年的職業規畫。現在回想起來，我意識到這是我得到的最糟糕的建議之一。事實是，沒有人知道自己的生活在接下來幾個月中將會如何發展，更不用說未來的五到十年。

制定嚴格的計畫，會讓你產生一種虛假的確定感，但實際上並不真的存在，而且倘若你偏離了精心設計的道路，還會導致不必要的內疚。

相反地，我建議你要了解你在工作和生活中的偏好和價值觀，以及你願意做出的取捨。利用這個指導原則來確認你選擇決定探索和利用的機會，以及你樂於拒絕的機會。從長遠來看，知道自己想要什麼，什麼對你來說是重要的，會比一些憑空編造的五年計畫更加適用。

你知道金錢不會讓你變成更好的人

在《生活的藝術》（*The Art of Living*）一書中，作者鮑勃・普拉特（Bob Proctor）說：「金錢並不會讓你變成更棒的人，只是更突顯了你的為人；如果你個性不好，有錢只會讓你變得更令人討厭；如果你個性很好，錢會讓你變成一個更好的人。」[1]

重點是，不要把賺錢放在首位，而犧牲了你關心的其他事情。在現實生活中，一旦成功，人們不會突然性情大變，變成一個好人。你應該要每天努力做最好的自己——善待他人，相信他人，慷慨給小費，犯了錯時要承認，心胸寬闊。當你表現正面態度時，更有可能發現並吸引能幫助你實現目標的新機會——無論是在職業、財務還是個人生活上。事實證明，金錢或許不會讓你變成一個更好的人，但是變成一個更好的人，能讓你在生活中得到比金錢更多的東西。

從現在開始

幸運的是，就在我三十歲生日前幾個月被裁員，是我人生經歷過最好的事之一。失業後，我得到時間和空間來思考自己真正想要的生活方式，這種經歷讓我的生活更好。

沒多久，我就意識到，我的許多不確定因素，主要集中在為了得到最大的幸福、該如何駕馭工作和金錢的這類事情上。

在那之前，儘管這些問題引起我的擔憂，但我從未認真思考過自己的職業或財務選擇；現在既然失業了，只能轉行，這時浮現在我腦海中的問題是：我該如何找到自己喜歡的工作，又不致犧牲財務與生活方式的理想目標（就這一點而言，也不要犧牲我的理智）？

最後，我運用本書中的策略，終於找到職業滿意度和財務保障。但是想像一下，如果我早一點開始會怎樣。當然，我本來可透過長期複利來累積更多的財富，額外的財務跑道甚至可使我有能力選擇更好的工作。

但最大的遺憾是我失去的時間。如果我二十多歲就照著這本書做，早就可以達成我真正想要的目標。不幸的是，這些浪費在追逐錯誤事物的時光是再也追不回了。也許你可以從我的錯誤中吸取教訓。

最後的叮嚀

你在閱讀本書的過程中，循序建立計畫，讓你能夠誠實面對自己，包括理解自己的價值觀，以及知道生活中各種不同部分如何融合在一起並互相影響。深入研究職業規劃和個人理財基礎知識，並將這些知識應用到自己的生活中。我邀請你，要

你思考困難的問題，處理一些數字，並堅持到底。但是最困難的部分還在後面。

反思自已、重新審視自己過去的決定，會給你信心，知道你正朝著自己想要的生活邁進。特別是，你所獲得的洞見會不斷進化，能幫助你達成目標。最好的是，一旦開始實施行動計畫，你就可以把自己的時間花在更多你想要做的事情上，而不必花時間擔心。

恭喜，你做的很好。現在開始將財富最佳化，享受人生。

Acknowledgement

致謝

　　寫書是一項艱鉅的任務──甚至比我最初想像的還要艱鉅。我花時間研究、寫作、編輯，全心投入這個計畫，意味著我參與其他的活動變得較少，例如看電視、和親朋好友出遊等等；但是，減少了與人「共處」的時間，卻對我生命中最重要的人，產生了最大的影響。

　　因此，首先最重要的，就是要謝謝我的妻子珍妮佛。在我們一起相處的時間中，你的愛、支持和鼓勵，使我有信心也能安心做我從不認為可能發生的事──廣義來說，包括根據我的方式去安排生活，而在這裡的情況是為了寫書。雖然我已經對你說過許多次，但如果沒有你，我真的做不到。你驅使我成為一位更好的人，以及更好的作家。為了這本書，你安排時間討

論想法（有些想法非常糟糕），校閱草稿（不少稿子讀起來很痛苦），然後將聽起來還可以（真是寬容）的內容編輯成讀者會想讀的書稿。同樣重要的是，你一直使我保持頭腦清醒。

在這個過程的早期，我學習到傳統出版商通常不會考慮出版你的作品，除非是透過作家經紀人來談，他們會幫你審查你與你出書的想法。經紀人和編輯每年都會收到潛在作家所提出的數百個（甚至數千個）出書提案，這意味著他們不得不拒絕許多作者。我要感謝我的經紀人琳達・康納（Linda Konner），和我的編輯凱文・哈瑞（Kevin Harreld），他們對我和我的書深具信心，了解我的見解，支持我的出版計畫。

多年來，許多人慷慨地支持我的財務計畫和寫作追求，幫助我完成本書。我特別要感謝個人理財專家羅倫・科爾（Lauren Lyons Cole），一開始提供我建議，建立我的寫作資歷和財務規劃公司，幫助我奠定事業的基礎。在我寫作這本書的時候，也獲得了其他幾位特定領域專家的協助。理財顧問大衛・歐倫斯基（David Oransky）在理財部分章節擔任我的測試對象，保險經紀人艾瑞克・薛普奇（Erik Chiprich）和遺產規劃律師東尼・福特（Tony Ford）協助的是保險和遺產規劃章節，職涯管理專家阿曼達・奧古斯丁（Amanda Augustine）則在職業章節提供了寶貴的意見。我有許多朋友對我早期的草

稿紛紛提供意見和回饋，包括史蒂芬（Steffi de Zarraga）、維娜（Veena Ramaswamy）、伊莉莎白（Elizabeth Bouquard）、艾蒙（Aman Randhawa）、古里（Gouri Mukherjee）、亞伯特（Alberto Grazi）、阿曼達（Amanda Blake）和寧靜（Serenity Hughes）。當然，我很幸運，我的朋友和家人一直支持我。

　　最後，我要感謝父母，感謝他們養育我所付出的辛勞。在還沒有成為父母之前，我並不懂得養育一個孩子長大成人，需要付出多少努力和犧牲，更何況是我這個精力充沛又不聽話的孩子。所以，謝謝爸爸媽媽，是你們讓我走在正確的道路上。

Endnotes

參考文獻

Part 1：開始做打算

第 1 章：你的價值超過你的想像

1. Anna Robaton, "Why So Many Americans Hate Their Jobs," CBS News, March 31, 2017, https://www.cbsnews.com/news/why-so-manyamericans-hate-their-jobs/

2. Jean Chatzky, "65 Percent of Americans Are Losing Sleep Over Money. Here's How to Change it," NBC News, December 19, 2017, https://www.nbcnews.com/better/business/65-percent-americans-arelosing-sleep-over-money-here-s-ncna831096

3. Blair Decembrele, "Encountering a Quarter-life Crisis? You're Not Alone…," LinkedIn Official Blog, November 15, 2017, https://blog.linkedin.com/2017/november/15/encountering-a-quarterlife-crisis-you-are-not-alone

4. Fight Club, film, directed by David Fincher, performed by Brad Pitt, Fox 2000 Pictures, Regency Enterprises, Linson Films, Atman Entertainment, Knickerbocker Films, Taurus Film, 1999.

5. Jennifer Ma, Matea Pender, and Meredith Welch, "Education Pays 2016: The Benefits of Higher Education for Individuals and Society," College Board, 2016, https://research.collegeboard.org/pdf/education-pays-2016-full-report.pdf

6. Seattle Times staff, "A Brief History of Retirement: It's a Modern Idea," Seattle Times, December 31, 2013, https://www.seattletimes.com/nation-world/a-brief-history-of-retirement-its-amodern-idea/

7. "2019 Retirement Confidence Survey Summary Report," Employee Benefit Research Institute and Greenwald & Associates, April 23, 2019, https://www.ebri.org/docs/default-source/rcs/2019-rcs/2019-rcs-short-report.pdf

8. "Life Expectancy at Birth, Female (Years) – United States," World Bank, https://data.worldbank.org/indicator/SP.DYN.LE00.FE.IN?locations=US

9. William P. Bengen, "Determining Withdrawal Rates Using Historical Data," Journal of Financial Planning, October 1994, https://www.onefpa.org/journal/Documents/The%20Best%20of%2025%20Years%20Determining%20Withdrawal%20Rates%20Using%20Historical%20Data.pdf

10. Philip L. Cooley, Carl M. Hubbard, and Daniel T. Waltz, "Choosing a Withdrawal Rate That Is Sustainable," AAII Journal, February 1998, https://www.aaii.com/journal/article/retirement-savingschoosing-a-withdrawal-rate-that-is-sustainable

第 2 章：關於工作的所有說法都是錯誤的

1. Clay Christensen, How Will You Measure Your Life (Harper Business 2012), 36.

2. Abraham Maslow, "A Theory of Human Motivation," Psychological Review, 1943, http://psychclassics.yorku.ca/Maslow/motivation.htm

3. Moneyball, film, directed by Bennett Miller, performed by Brad Pitt, Columbia Pictures, Scott Rudin Productions, Michael De Luca Productions, Film Rites, Sidney Kimmel Entertainment, Specialty Films (II), 2011.

4. "Average Hours Employed People Spent Working on Days Worked by Day of Week," Bureau of Labor Statistics, 2018, https://www.bls.gov/charts/american-time-use/emp-by-ftpt-job-edu-h.htm

5. "Workplace Stress," American Institute of Stress, https://www.stress.org/workplace-stress

6. Erik Sorenson, "Jack Welch and the Work-life Balance," CNBC, July 27, 2009, https://www.cnbc.com/id/32171152

Part 2：找到你的出發點

第 3 章：你的工作還好嗎？

1. Amy Wrzesniewski and Jane E. Dutton, "Crafting a Job: Revisioning Employees as Active Crafters of Their Work," Academy of Management Review, April 2001, https://spinup-000d1a-wp-offload-media.s3.amazonaws.com/faculty/wp-content/uploads/sites/6/2019/06/Craftingajob_Revisioningemployees_000.pdf

第 4 章：製作個人財務報告卡

1. "What Is the Difference Between a Credit Report and a Credit Score?" Consumer Financial Protection Bureau, August 3, 2017, https://www.consumerfinance.gov/ask-cfpb/what-is-the-differencebetween-a-credit-report-and-a-credit-score-en-2069/

2. John Ulzheimer, "Can You Force Your Lender to Report Your Account tothe Credit Bureaus?" Mintlife Blog, December 26, 2011, https://blog.mint.com/credit/can-you-force-your-lender-to-reportyour-account-to-the-credit-bureaus-122011/

3. "What's in My FICO Scores?" myFICO, https://www.myfico.com/credit-education/whats-in-your-credit-score

4. "New Credit," myFICO, https://www.myfico.com/resources/credit-education/credit-scores/new-credit

第 5 章：如何延長財務跑道

1. "Consumer Expenditures –2018," Bureau of Labor Statistics, September 10, 2019, https://www.bls.gov/news.release/cesan.nr0.hTm

2. "IRS Provides Tax Inflation Adjustments for Tax year 2019," Internal Revenue Service, November 15, 2018, https://www.irs.gov/newsroom/rs-provides-tax-inflation-adjustments-for-tax-year-2019

3. Claire Bushey, "Script to Ask for a Lower Credit Card Rate," Credit-Cards.com, November 11, 2017, https://www.creditcards.com/credit-card-news/script-negotiate-better-credit-carddeal-1267.php

4. "Repayment Plans," FinAid, http://www.finaid.org/loans/repayment.phtml#loanterm

Part 3：工作最佳化

第 7 章：如何微調你的工作

1. Amy Wrzesniewski, Justin M. Berg, and Jane E. Dutton, "Turn the JobYou Have into the Job You Want," Harvard Business Review, June 2010,https://spinup-000d1a-wp-offload-media.s3.amazonaws.com/faculty/wp-content/uploads/sites/6/2019/06/Turnthejobyouhaveintothejobyouwant.pdf

第 8 章：兼職副業，探索新機會

1. Amanda Dixon, "The Average Side Hustler Earns Over $8k Annually,"Bankrate, June 25, 2018, https://www.bankrate.com/personalfinance/smart-money/side-hustles-survey-june-2018/

2. Patrick J. McGinnis, The 10% Entrepreneur: Live Your StartupDream WithoutQuitting Your Day Job (Portfolio 2016), 43–45.

第 9 章：準備換工作

1. "3 Habits That Could Increase Your Chances of Getting the Job," Indeed, https://www.indeed.com/career-advice/finding-a-job/3-habits-that-could-increase-your-chances-of-getting-thejob

2. Paul Wolfe, "Quality, Not Quantity: Why Employers Prefer Targeted Job Applications," Indeed Blog, October 24, 2017, http://blog.indeed.com/2017/10/24/why-employers-prefer-targetedjob-applications/

第 10 章：付諸行動換工作

1. "The Art of the Job Hunt," Randstad US, October 16, 2018, https://www.randstadusa.com/jobs/career-resources/career-advice/the-art-of-the-job-hunt/631/

2. "50HR and Recruiting Stats that Make You Think," Glassdoor for Employers,https://b2b-assets.glassdoor.com/50-hr-and-recruiting-stats.pdf

3. Eric Ries, The Lean Startup (Currency, 2011), 101.4.

4. Will Evans, "You Have 6 Seconds toMake an Impression: How RecruitersSee Your Resume," Ladders,March 12, 2012, https://www.theladders.com/career-advice/you-only-get-6-seconds-of-fame-makeit-count

5. Jon Shields, "Over 98% of Fortune 500 Companies Use Applicant TrackingSystems (ATS)," Jobscan Blog, June 20, 2018, https://www.jobscan. co/blog/fortune-500-use-applicant-tracking-systems/

Part 4：財富最佳化

第 11 章：設定目標並釐清目標成本

1. Full House, TV series, directed by Joel Swick, performed by David Coulier, Jeff Franklin Productions, 1987-1995.

第 12 章：關於投資你需要知道的事

1. 1. Back to the Future, film, directed by Robert Zemeckis, performed byMichael J. Fox, Universal Pictures, Amblin Entertainment, and U-DriveProductions, 1985.

2. "Guide to the Markets: US, 2Q 2018," J.P Morgan Asset Management,March 31, 2018, https://www.wrapmanager.com/hubfs/blogfiles/JPMorgan%20 Guide%20to%20the%20Markets%202Q%202018.pdf

3. "Vanguard Portfolio Allocation Models," Vanguard, https://personal.vanguard. com/us/insights/saving-investing/model-portfolio-allocations

4. "Guide to the Markets – US, 2Q 2018," J.P Morgan Asset Management, March 31, 2018, https://www.wrapmanager.com/hubfs/blogfiles/ JPMorgan%20Guide%20to%20the%20Markets%202Q%202018.pdf

5. GuruFocus, "The Powerful Chart That Made Peter Lynch 29% a Year for 13 Years," Forbes, June 26, 2013, https://www.forbes.com/sites/ gurufocus/2013/06/26/the-powerful-chart-thatmade-peter-lynch-29-a-year-for-13-years/#6020b0097bc0

6. Warren E. Buffett, "2018 Letter to the Shareholders of Berkshire Hathaway, Inc.," Berkshire Hathaway, February 23, 2019, https://www.berkshirehathaway.com/letters/2018ltr.pdf

7. Jeff Cox, "Global Economy Faces a 'Perfect Storm' in 2013: Roubini,"CNBC, May 9, 2012, https://www.cnbc.com/id/47356500

8. Gary Kaminsky, "Time's Up Meredith Whitney, Muni Prediction Was Wrong," CNBC, September 27, 2011, https://www.cnbc.com/id/44670656

9. Mark Perry, "More Evidence That It's Hard to 'Beat the Market' Over Time, ~92% of Finance Professionals Can't Do It," American Enterprise Institute, March 19, 2019, https://www.aei.org/carpe-diem/moreevidence-that-its-really-hard-to-beat-the-market-overtime-92-of-finance-professionals-cant-do-it-2/

10. "401(k) Plan Fix-It Guide – 401(k) Plan – Overview," Internal Revenue Service, https://www.irs.gov/retirement-plans/401k-plan-fix-it-guide-401k-plan-overview

11. "FAQs – Auto Enrollment – What Is an Automatic Contribution Arrangement in a Retirement Plan?" Internal Revenue Service, https://www.irs.gov/retirement-plans/faqs-auto-enrollment-what-isan-automatic-contribution-arrangement-in-a-retirementplan

12. "Building Financial Futures," Fidelity Brokerage Services LLC, March 31, 2019, https://sponsor.fidelity.com/bin-public/06_PSW_Website/documents/BuildingFinancialFuturesQ12019.pdf

13. "Building Futures Q1 2019 Fact Sheet," Fidelity Investments Institutional Services Company, Inc., March 31, 2019, https://institutional.fidelity.com/app/literature/item/953591.html

14. "Financial Savings Report: The Real Cost of Fees," Personal Capital, 2015, https://static1.squarespace.com/static/56c237b2b09f95f2a778cab2/t/573b74 92f699bbd9586c707d/1463514267850/PC_Fees_WhitePaper.pdf

15. Amie Tsang, "5 Pieces of Advice from John Bogle," New York Times, January 17, 2019, https://www.nytimes.com/2019/01/17/business/mutfund/john-bogle-vanguard-investment-advice.html

第 13 章：如何建立你的投資組合

1. "Vanguard TargetRetirement 2050 Fund,"Vanguard, https://investor.vanguard.com/mutual-funds/profile/overview/vfifx

2. "Vanguard Target Retirement 2030 Fund," Vanguard, https://investor.vanguard.com/mutual-funds/profile/VTHRX

3. "Fidelity Freedom 2050 Fund," Fidelity, https://fundresearch.fidelity.com/mutual-funds/summary/315792416

4. "Fidelity Freedom Index 2050 Fund," Fidelity, https://fundresearch.fidelity.com/mutual-funds/summary/315793570

第 14 章：保護你的財富

1. "Statistics and Facts," Brain Aneurysm Foundation, https://bafound.org/about-brain-aneurysms/brain-aneurysm-basics/brainaneurysm-statistics-and-facts/

2. "HMO, POS, PPO, EPO and HDHP with HSA: What's the Difference?"Aetna, https://www.aetna.com/health-guide/hmo-pos-ppo-hdhp-whats-the-difference.html

3. Colin Lalley, "How Much Does Long-Term Disability Insurance Cost?"Policygenius, March 16, 2018, https://www.policygenius.com/disability-insurance/learn/how-much-does-long-termdisability-insurance-cost/

4. "Insurance for Your House and Personal Possessions," Insurance Information Institute, https://www.iii.org/article/insurance-foryour-house-and-personal-possessions

5. Colin Lalley, "Employer-Provided Group Life Insurance," Policygenius, February 21, 2019, https://www.policygenius.com/lifeinsurance/group-life-insurance/

6. Barbara Marquand, "The Differences Between Term and Whole Life Insurance," NerdWallet, April 26, 2019, https://www.nerdwallet.com/blog/insurance/what-is-the-difference-betweenterm-whole-life-insurance/

7. "Plan for Transition: What You Should Know About the Transfer of Brokerage Account Assets on Death," FINRA, June 17, 2015, https://www.finra.org/investors/alerts/plan-transition-what-youshould-know-about-transfer-brokerage-account-assetsdeath

Part 5：如何堅持到底並享受旅途

第 15 章：別把精力放在你無法掌控的事情上

1. Carol Dweck, Mindset: The New Psychology of Success (Ballantine Books 2007), 6–7.

2. March Manson, "Diversify Your Identity," May 14, 2012, https://markmanson.net/diversify-your-identity

3. Van Wilder, film, directed by Walt Becker, performed by Ryan Reynolds, Myriad Pictures, In-Motion AG Movie & TV Productions, World Media Fonds V (WMF V), and Tapestry Films, 2002.

4. Laura Vanderkam, 168Hours: You Have More Time Than You Think (Portfolio 2011), 34–36.

5. Kai Sato, "Why the 5 People Around You Are Crucial to Your Success,"Entrepreneur, May 9, 2014, https://www.entrepreneur.com/article/233444

6. Leif Denti, Isak Barbopuolos, Ida Nilsson, Linda Holmberg, Magdalena
    Thulin,MalinWendeblad, Lisa Anden, and Emelie Davidsson, "Sweden's
    Largest Facebook Study," Gothenburg Research Institute, March 6, 2012,
    https://gupea.ub.gu.se/handle/2077/28893

結語

1. Bob Proctor, The Art of Living (TarcherPerigee 2015), 31.

Top 　　**財務自由實踐版**
011　　打造財務跑道，月光族、小資族也能過自己想要的生活
Work Your Money, Not Your Life：How to Balance Your
Career and Personal Finances to Get What You Want

作　　　　者	羅傑·馬（Roger Ma）
譯　　　　者	鹿憶之
執　行　長	陳蕙慧
總　編　輯	魏珮丞
責　任　編　輯	魏珮丞
行　銷　企　劃	陳雅雯、余一霞、尹子麟
封　面　設　計	萬勝安
排　　　　版	JAYSTUDIO

社　　　長	郭重興
發行人兼出版總監	曾大福
出　　　版	新樂園出版／遠足文化事業股份有限公司
發　　　行	遠足文化事業股份有限公司
地　　　址	231 新北市新店區民權路 108-2 號 9 樓
電　　　話	(02)2218-1417
傳　　　真	(02)2218-8057
郵　撥　帳　號	19504465
客　服　信　箱	service@bookrep.com.tw
官　方　網　站	http://www.bookrep.com.tw
法　律　顧　問	華洋國際專利商標事務所 蘇文生律師
印　　　製	呈靖印刷

初　　　版	2020 年 10 月
初　版　三　刷	2020 年 11 月
定　　　價	400 元
ISBN	978-986-99060-3-6

WORK YOUR MONEY, NOT YOUR LIFE: HOW
TO BALANCE YOUR
CAREER AND PERSONAL FINANCES TO GET
WHAT YOU WANT
by ROGER MA
Copyright: © 2020 by ROGER MA
This edition arranged with
Books Crossing Borders, Inc.
through Big Apple Agency, Inc., Labuan, Malaysia.
Traditional Chinese edition copyright:
2020 Walkers Enterprise Ltd. (Imprint: Nutopia
Publishing)
All rights reserved.

國家圖書館出版品預行編目 (CIP) 資料

財務自由實踐版：打造財務跑道，月光族、小資族也能過自己想要的生活 / 馬羅傑 （Roger Ma） 著；鹿憶之譯 . -- 初版 . -- 新北市：新樂園，遠足文化 , 2020.10
344 面；14.8 × 21 公分 . -- (Top；11)
譯自 :Work Your Money, Not Your Life：How to Balance Your Career and Personal Finances to Get What You Want

ISBN 978-986-99060-3-6(平裝)

1. 個人理財　2. 投資

563

109005309